L'ABC de l'avenir du climat

Werner Murez

L'ABC de l'avenir du climat

Climat, biodiversité, énergies renouvelables et mouvement écologique

Traduit par Aliette Chaput

Auto-édition
Sint Martens Latem

Ce petit livre fait suite à une série de conférences données en tant qu'ambassadeur de bonne volonté du WWF.

Titre original : « Het ABC van de klimaattoekomst. Over klimaat, biodiversiteit, hernieuwbare energie en de milieubeweging »
Traduction : A. Chaput

ISBN 978 90 830 3050 0
D/2019/Werner Murez, éditeur
NUR 740

À Anneke

Table des matières

POINT DE DÉPART

Douglas Tompkins est décédé le 8 décembre 2015. La dernière chose qu'il a vue a été la nature chilienne qu'il aimait tant. Âgé de 72 ans, ce fondateur de la marque d'équipements de sport « the North Face » faisait du kayak sur le lac Carrera au Chili quand sa barque a chaviré ; lorsqu'on l'a repêché dans l'eau glaciale, sa température corporelle était descendue à 19 °C et il n'a pas survécu. Mais ce n'est pas pour cela que j'évoque son nom. En fait, Douglas Tompkins a sauvé au total 800.000 hectares de zones naturelles en Amérique du Sud. Il utilisait son argent pour sauver la nature. Et le sauvetage de la nature est le véritable sujet de ce livre.

Comment, en tant que simple citoyen peut-on remédier à une situation qui menace le monde entier ?

Faits

Commençons par évoquer quelques faits choisis au hasard :

- En 2016, le Parlement européen, tenant compte des attentes du lobby du diesel, a aboli la norme de 2007 sur les oxydes d'azote.
- En 2015, les subsides attribués à l'industrie des combustibles fossiles dans l'ensemble du monde ont atteint 5 300 milliards de dollars, soit 6,5 % du produit mondial brut, ce qui a entravé la transition vers des énergies renouvelables.
- 40 % des insectes pollinisateurs sont menacés d'extinction, ce qui met aussi en danger les cultures et les récoltes.
- En 100 ans, 97 % des tigres ont disparu de la surface de la Terre.

Mais on peut aussi citer des faits positifs :

- En 2018, la banque américaine WELLS FARGO a promis d'investir 200 milliards de dollars dans le climat et la durabilité durant les 10 prochaines années.
- En 2013, l'Union européenne a adopté des directives pour lutter contre l'exploitation forestière illégale dans le monde.
- En 2017, 70 % de toutes les nouvelles capacités de production d'électricité utilisaient l'énergie éolienne ou l'énergie solaire.
- En 2016, l'Union européenne et 24 autres pays ont signé un traité pour la protection de la mer de Ross, une des plus grandes réserves naturelles marines au monde.

Vous venez de lire quelques faits, négatifs et positifs, choisis au hasard. En réalité, la liste des faits négatifs est interminable. Néanmoins, je suis personnellement convaincu que nous devons aborder ce sujet avec « foi en l'avenir » et qu'en tant qu'enfants du siècle des Lumières, nous devons rester attachés à l'idée du progrès.

CHANGEMENT CLIMATIQUE

Réchauffement de la Terre, changement climatique et autres problèmes environnementaux : je me suis demandé, probablement tout comme vous, si tout cela était vrai, si tout cela était bien exact, avec l'espoir tacite que peut-être ce ne serait pas vrai...

Mais la réalité glaciale des faits est bien là. En 2018, une quantité sans précédent de CO_2 a été rejetée dans l'atmosphère. Déforestation, extinction d'espèces de la faune et de la flore, épuisement des ressources naturelles, pénuries d'eau potable, etc. sont autant d'indices que nous prenons un très mauvais cap.

D'après les données de la NASA, ces 4 dernières années, à savoir 2015, 2016, 2017 et 2018, ont été les plus chaudes jamais enregistrées dans le monde depuis le début des mesures.

Comment en sommes-nous arrivés là ? ...

L'EFFET DE SERRE

En 1824, le Français Jean-Baptiste Joseph Fourier a découvert les éléments de base de ce que l'on allait appeler plus tard « l'effet de serre ». Notre atmosphère contient des particules capables de retenir la chaleur. Il s'agit de particules de vapeur d'eau, de dioxyde de carbone, de méthane, d'oxydes d'azote et ozone.

Le reste, soit 99 %, se compose d'oxygène et d'azote, des substances qui ne piègent pas la chaleur, contrairement aux particules précitées. On pense que sans ces particules, nous aurions, sur Terre, une température de moins 18 degrés. Donc, les « gaz à effet de serre » retiennent la chaleur du soleil et forment, autour de la Terre, une sorte de couverture grâce à laquelle la température moyenne est de 15 degrés depuis des milliers d'années déjà. Le dioxyde de carbone ou CO_2 est le principal gaz à effet de serre simplement parce que c'est lui qui est le plus présent.[1]

La concentration en CO_2 est restée pendant des centaines de milliers d'années sous les 280 parts par million, mais l'utilisation des combustibles fossiles et la déforestation ont porté cette concentration à environ 400 ppm (parts par million). Nous sommes sûrs à 100 % de l'origine du réchauffement, à savoir les activités humaines récentes. Pourquoi la déforestation y contribue-t-elle aussi ? Parce que, pour assurer leur croissance, les arbres utilisent du CO_2 de l'air et rejettent de l'oxygène. Inutile, je pense, de rappeler que les combustibles fossiles sont le pétrole, le charbon et le gaz. Si vous vous demandez comment diable on peut connaître les concentrations en CO_2 en 1750, voire avant, sachez qu'il existe des méthodes scientifiques pour les mesurer, telles que l'analyse des sédiments.

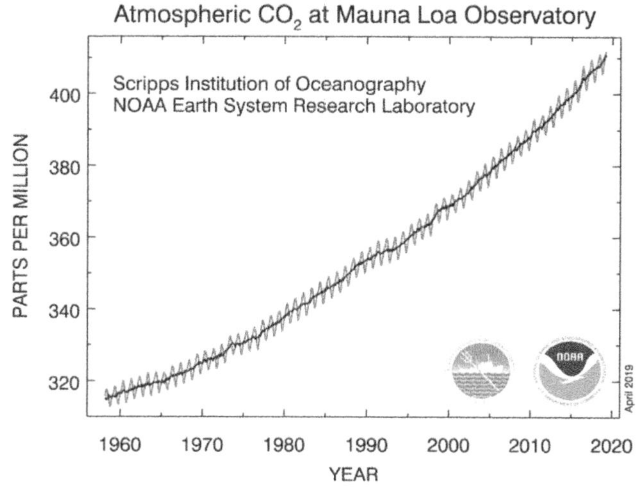

Concentrations de CO2 dans l'atmosphère à l'Observatoire de Mauna Loa (en parts par million) Source du graphique : https://www.esrl.noaa.gov/gmd/ccgg/trends/full.html

La Terre se réchauffe donc et le changement climatique a d'importantes conséquences. Attirés par les douces sirènes de la tranquillité et de la passivité, nous pensons que ce n'est sans doute pas si grave parce qu'en fait, beaucoup de gens, par pur égoïsme, ne veulent pas s'encombrer l'esprit avec les incidences du changement climatique et préfèrent, au contraire, y voir des points positifs, comme un grand entrepreneur belge, qui se vantait qu'il vendrait plus de piscines. Il ne s'agit hélas pas de simplement s'habiller plus légèrement ou de se réjouir qu'en Belgique, nous allons avoir un climat similaire à celui de la Loire, voire un climat méditerranéen.

Le changement climatique apporte, au contraire, beaucoup de misère, dépassant largement nos craintes. Jamais nous n'avons imaginé que la situation deviendrait si grave.

Le réchauffement des calottes glaciaires, qui font office de conditionnement d'air pour notre planète, s'est accéléré d'un facteur six ces dernières décennies. Ce réchauffement accroît le taux d'acidité des océans, ce qui provoque la mort des récifs coralliens et de la faune sous-marine. De vastes régions de notre planète connaissent des sécheresses extrêmes et une croissance exponentielle des feux de forêts. En 2017, des catastrophes climatiques et sécheresses ont provoqué des famines dans 23 pays, selon le Programme alimentaire mondial (PAM). Les zones sèches sur Terre ont doublé en superficie depuis 1970. Evidemment le niveau des mers monte.

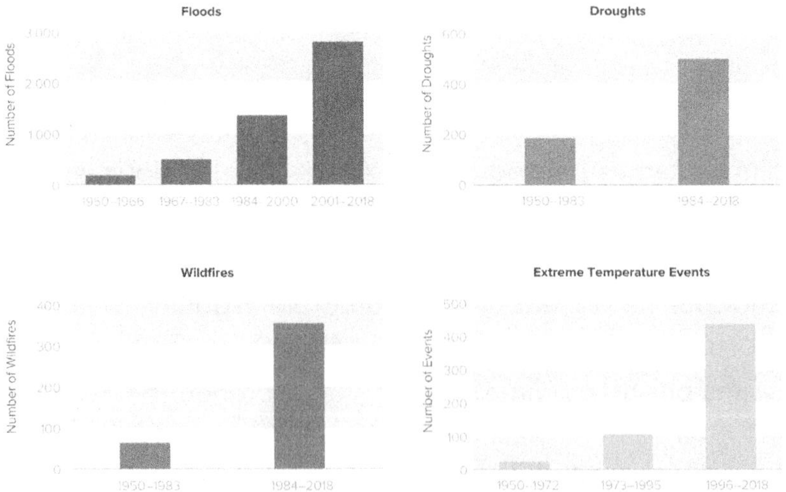

De gauche à droite et de haut en bas : nombres d'inondations, de sécheresses, de feux de forêts et de périodes de températures extrêmes Source : voir note[2]

Ces sécheresses entraînent une hausse des prix des denrées alimentaires – et c'est là que l'on voit que les problèmes environnementaux, économiques et sociaux sont liés. Tout comme sous l'Ancien Régime, ces prix élevés des denrées alimentaires engendrent déjà maintenant des troubles sociaux, voire des guerres civiles, dans les pays les moins avancés.

Le changement climatique va surtout s'accompagner d'énormes migrations. L'Organisation internationale pour les Migrations, l'OIM, prédit que, dans le monde, environ 200 millions de personnes devront migrer à cause du changement climatique (2016).

Qui plus est et à titre subsidiaire, le coût financier du réchauffement est absolument impayable. Par exemple, rien qu'en 2017 déjà, les phénomènes météorologiques extrêmes – dont le lien avec le réchauffement ne fait aucun doute – ont coûté 300 milliards d'USD aux États-Unis. Selon les calculs réalisés par l'Université de Cambridge en 2015, les coûts du réchauffement dans le monde entier pour le demi-siècle à venir pourraient s'élever – toutes choses restant égales par ailleurs – à 369 billions de dollars.

En d'autres termes, notre bien-être, notre approvisionnement alimentaire, notre sécurité, notre santé et notre intégrité sont menacés et ce n'est pas rien. Nous nous moquons des gens du Moyen Âge pour leur saleté et leur manque d'hygiène, eux qui jetaient leurs excréments dans la rue et n'avaient pas d'égouts, mais nous ne voyons pas que nous-mêmes, à notre époque, nous faisons bien pire... en rejetant des milliards de mètres cubes de gaz à effet de serre et de poisons dans l'atmosphère et en déversant des déchets et du plastique dans les océans et des poisons dans le sol. Aucun peuple au cours de l'histoire n'a été aussi sale que nous.

« Je n'avais jamais beaucoup réfléchi au changement climatique jusqu'à ce que je voie des cèdres rouges mourir à cause de la montée du niveau de la mer, juste devant ma maison à Tampa Bay. Cela m'a aussi fait réfléchir aux conséquences du changement climatique sur l'économie.

Dick Jacobs, avocat-fiscaliste retraité de Floride[3]

L'ACCORD DE PARIS SUR LE CLIMAT

Lors de la Conférence de Paris sur le climat à la fin de 2015 (COP 21), 197 pays ont dès lors pris de grands engagements en signant, dans le cadre de l'ONU, un traité sur le climat visant à limiter l'augmentation de la température à 2 °C et à tendre vers 1,5 °C. En substance, ces engagements doivent permettre d'assurer un avenir décarboné, ce qui signifie, entre autres, la fin de l'utilisation des combustibles fossiles.

En 2015, le Président Obama a prononcé, devant les Nations Unies, la déclaration suivante : « Je viens ici personnellement en tant que Président de la plus grande économie du monde et du deuxième plus grand pollueur pour dire que les États-Unis non seulement reconnaissent leur rôle dans le changement climatique mais assument aussi leur responsabilité pour y remédier ».

« Du fait de l'activité humaine, la Terre s'est réchauffée d'environ 1 degré Celsius ces 50 dernières années et les émissions de CO_2 ont crû de 80 pour cent. Nous ressentons déjà les conséquences du changement climatique dans les tempêtes extrêmement violentes et les sécheresses sans précédent. De plus, le changement climatique peut renforcer tous les autres risques, tels que les migrations et l'insécurité »[4]. Cette déclaration ne provient des écrits ni de Greenpeace ni du WWF, mais bien du rapport de 2016 du Forum économique mondial de DAVOS, qui réunit les grandes puissances économiques de ce monde. Lors des récents sommets du G20 et du G7, des déclarations similaires ont été prononcées. Or, nul ne peut soupçonner les participants à ces sommets de tendances gauchistes ni les considérer comme des embrasseurs d'arbres marginaux, donquichottesques et illuminés ou comme des altermondialistes alarmistes en sandales.

Je ne pense honnêtement pas que l'on puisse encore douter de l'existence du réchauffement climatique. Il est insensé de croire que tout va bien. Si puissantes que soient les chimères, à terme, elles sont vaincues par les faits bruts.

LES LIMITES DE L'ACCORD SUR LE CLIMAT

Certes, il est possible d'émettre des critiques justifiées sur l'Accord de Paris sur le climat. Cet accord contient en effet beaucoup de phrases telles que « les parties tiendront compte de », « les parties devraient », « chercher à atteindre », « sont invitées à », . . . « reconnaissent que », etc. Néanmoins, ce traité a des effets très concrets parce que les pays se sont rendus à cette conférence avec des « plans nationaux pour le climat », en d'autres termes, avant même le début de la conférence, les pays ont été invités à élaborer un plan qu'ils s'engageaient à mettre en œuvre. C'est ainsi que 189 pays ont amené un plan pour le climat contraignant – du jamais vu. De plus, l'exécution de ces 189 plans pour le climat contraignants n'est techniquement possible que si l'on se détourne des énergies fossiles (pétrole, gaz et charbon) pour passer aux énergies renouvelables. Par exemple, aux États-Unis, une première tranche de 500 millions de dollars a été versée en mars 2016 au green climate fund, en application d'un plan national pour le climat juridiquement contraignant, conclu par le pays même.

Trump voulait supprimer tout cela mais, entre-temps, beaucoup d'États fédérés, de multinationales et de villes ont déclaré qu'ils respecteraient l'Accord sur le climat, indépendamment du point de vue du gouvernement fédéral. De plus, les États-Unis sont un des grands constructeurs et utilisateurs de panneaux solaires et d'éoliennes. Trump n'est absolument pas un facteur positif dans cette affaire mais il est probable que son impact soit moindre qu'on ne le pensait au départ et qu'il soit peut-être temporaire.

Mark Rutte, Premier Ministre des Pays-Bas, a déclaré au sujet de l'Accord de Paris : « Il n'y a simplement pas d'alternative, il n'y a absolument aucune alternative. Si nous n'atteignons pas ces objectifs, l'humanité entière sera confrontée à de graves problèmes. Je suis allé partout dans le monde et il règne partout un énorme sentiment d'urgence. Cela signifie que l'Union européenne doit concrétiser ses promesses. Je pense que nous, en tant que citoyens du monde, profiterons de la réalisation des objectifs [1,5 °C] parce que nous survivrons..., mais aussi parce que notre économie prospérera. De nouveaux emplois seront créés et nous serons moins tributaires des combustibles fossiles de pays dont nous ne voulons pas toujours dépendre. »[5]. Ces derniers mots en disent long.

« Personne ne pensait qu'au lendemain de l'Accord de Paris, nous vivrions dans un autre monde mais l'optimisme est un devoir moral. »

Jacques Vandermeiren, Directeur du Port d'Anvers

BIODIVERSITÉ

Déjà quand j'étais étudiant, j'étais membre du WWF. Entretemps, cela se sait naturellement dans mon entourage et les gens m'abordent parfois en disant : « tu t'occupes de cette chose pour les petites bêtes, non ? », … heu .. oui …

Ressentez-vous aussi cette souffrance et cette impuissance face à la disparition de la nature ? Estimez-vous grave que des espèces disparaissent durant les prochaines années ? Certes, il est triste que de jolies choses disparaissent pour toujours mais n'oublions pas non plus la réalité des chiffres : nous avons absolument besoin d'écosystèmes vivants pour nous nourrir, pour disposer d'eau fraîche, pour nous soigner et pour exister économiquement.

On entend en fait par biodiversité l'état général de la nature et des animaux sauvages, c'est-à-dire la « biodiversité biologique ».

Le rapport sur la biodiversité n'est pas pour les âmes sensibles. En moins de deux générations, nous avons balayé de la surface de cette Terre plus de la moitié des animaux sauvages. « Plus de la moitié » : en sommes-nous vraiment certains ? Ce sont en réalité des données absolument exactes. Pour les établir, des biologistes étudient en permanence 16 704 populations de

4 005 espèces de vertébrés dans le monde entier. Donc, durant ce court laps de temps, nous avons perdu plus de la moitié de la population mondiale de poissons, d'oiseaux, de mammifères, d'amphibiens et de reptiles. Si cette tendance se poursuit, il faut simplement s'attendre à l'extinction totale de nombreuses espèces animales et végétales. Ainsi, nos petits-enfants et arrière-petits-enfants ne verront plus d'éléphants, de rhinocéros, de tigres ou de léopards. C'est un vrai crève-cœur.

Les causes en sont la perte et la dégradation des habitats, l'agriculture intensive, le braconnage, la surpêche, le changement climatique et les espèces invasives. Ces causes sont elles-mêmes le résultat de la pression démographique mondiale et, plus encore, de la criminalité environnementale liée à des industries multimilliardaires qui financent des armées et des terroristes et dont le volume d'activités est évalué à 250 milliards de dollars par an.

BRACONNAGE : À la vue de cette image, nous tressaillons de douleur. Les animaux sont tués de la plus effroyable des manières. La femelle sur la photo était vivante lorsqu'on lui a scié les cornes avec une tronçonneuse. Son petit, qui s'est enfui en état de panique, a été retrouvé mort quelques jours plus tard. Ce braconnage est l'œuvre de bandes bien organisées, souvent dirigées par des Chinois, violentes et sans scrupules. Elles tuent animaux et gardes forestiers. « Les groupements criminels qui soutiennent le commerce illégal des animaux sauvages sont souvent les mêmes que ceux qui pratiquent la traite des êtres humains, le trafic d'armes et de stupéfiants. »[6] Comme dit l'adage : « le diable triomphe quand les êtres bons n'agissent pas. »

Sans insectes pollinisateurs, il est impossible de cultiver de quoi nous nourrir. Or, 40 % des abeilles sont menacées d'extinction à cause de l'usage d'insecticides. Il est extrêmement surprenant que cette information très grave ne suscite pas d'inquiétude dans la population ...

Dans le journal flamand « De Standaard » du 29/4/2019[7], Inge Ghijs écrit : « Cela fait des années déjà que la régression des populations d'abeilles est source d'une profonde inquiétude parce que ces insectes sont indispensables à notre production alimentaire et à la biodiversité. L'Europe a reconnu que les pesticides utilisés sont un facteur important dans la mort des abeilles. C'est pourquoi l'Autorité européenne de sécurité des aliments (EFSA) a publié en 2013 un document d'orientation concernant les abeilles (« *Bee Guidance Document* »), qui indique comment les pesticides doivent être testés pour mesurer leur nocivité pour les pollinisateurs. En fonction des résultats, il est alors décidé d'autoriser ou non la mise sur le marché d'un nouveau pesticide proposé par l'industrie. Sur la base de ce document d'orientation, trois néonicotinoïdes bien connus et très nocifs ont été interdits en mai 2018. Toutefois, ce document d'orientation, rédigé déjà en 2013, n'est toujours pas approuvé par les États membres parce qu'on ne trouve pas de majorité pour introduire ces règles strictes. Depuis janvier 2019, une version nettement édulcorée est sur la table. Dans cette nouvelle proposition, la nocivité pour les larves des abeilles n'est plus testée et seule la toxicité aiguë des nouveaux pesticides est évaluée et non plus leur toxicité chronique. On ne tient donc plus compte de l'effet que les pesticides peuvent avoir à long terme sur les abeilles. » Ne soyons pas naïfs : il s'agit là du résultat d'un lobbyisme des fabricants. Leur lobbyisme est plus puissant que celui des mouvements citoyens. « Fin février, une centaine d'eurodéputés de divers partis ont adressé un courrier à la Commission pour exprimer leur inquiétude et demander de tout mettre en œuvre pour obtenir l'approbation de la version restrictive du document d'orientation sur les abeilles, telle que rédigée au départ par l'EFSA, et non la proposition édulcorée. » Aucune avancée en ce sens n'a été engrangée à ce jour.

« L'effondrement des écosystèmes est lourd de conséquences pour toutes les formes de vie sur Terre », dit Antoine Lebrun, Directeur général du WWF-Belgique. « Sans écosystèmes résilients, la planète Terre, notre maison, ne pourra pas éternellement continuer à offrir suffisamment d'espace pour que la nature prospère, de l'eau douce, de l'air pur, de vastes forêts, des océans en pleine santé et de la nourriture pour notre génération actuelle et pour celles à venir. »[8] « La perte de biodiversité et la dégradation de la nature sont tout aussi importantes que le changement climatique causé par l'activité humaine car elles affecteront la sécurité alimentaire, la sécurité de l'approvisionnement en eau et la santé humaine » (Sir Bob Watson, IPBES, ex-président du GIEC).[9]

« Nous perdons des espèces animales à un rythme sans précédent. Cette perte érode les systèmes qui soutiennent la vie sur Terre, y compris la vie humaine. Elle est moins visible que des phénomènes météorologiques extrêmes mais elle va sans aucun doute nous tuer. »

Cristiana Paşca Palmer, Secrétaire exécutive du Secrétariat de la Convention sur la diversité biologique.

EMPREINTE ÉCOLOGIQUE & ÉCOSYSTÈMES

Nous le savons tous : le mode de vie occidental est assez... comment dire... néfaste pour l'environnement, c'est-à-dire qu'il induit la perte de zones naturelles, d'animaux sauvages, d'eau potable, d'air sain, de matières premières, de pollinisateurs, etc. Or, les « économies émergentes » telles que la Chine et l'Inde évoluent vers un « mode de consommation occidental ».

Je me suis souvent demandé ce qu'il en est réellement aujourd'hui. Selon le chiffre le plus cité, au rythme actuel, il nous faut une planète et demie pour satisfaire à nos besoins. Cet indicateur est appelé l'empreinte écologique.

Depuis plus de 40 ans, la demande de richesses naturelles est supérieure à l'offre. « La consommation humaine de ressources naturelles de la Terre a triplé en 40 ans »10 11 Cela signifie, en termes simples, que le rythme du déboisement ne laisse plus à la forêt le temps de se régénérer ou que les activités de pêche sont trop intenses pour que les stocks de poissons puissent se reconstituer. Ce principe vaut pour toutes les richesses naturelles.

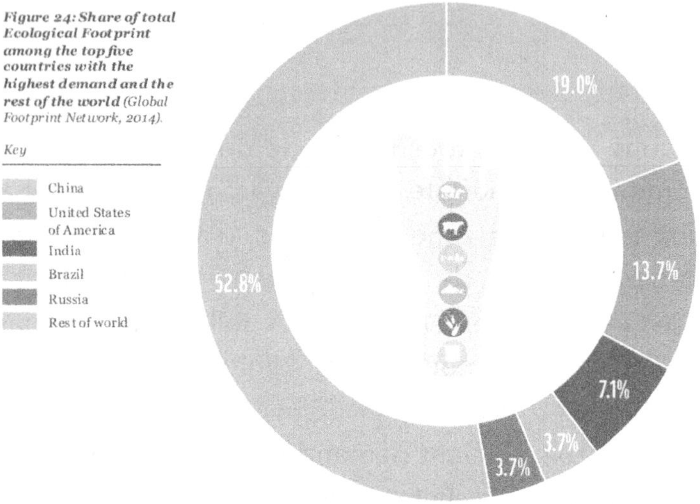

Répartition de l'empreinte écologique totale entre les cinq pays ayant la plus forte demande et le reste du monde. Source : WWF. 2014. *Living Planet Report 2014: species and spaces, people and places.* [McLellan, R., Iyengar, L., Je ries, B. and N. Oerlemans (Eds)]. WWF, Gland, Suisse.

Ce schéma montre que seulement 5 pays sont responsables de la MOITIÉ de l'empreinte écologique mondiale.

L'empreinte carbone se calcule de la même manière : « votre impact sur le changement climatique provient en premier lieu de ce que vous mangez, du type d'énergie que vous utilisez pour alimenter votre maison et vos appareils, de vos modes de déplacements. L'habitant moyen des États-Unis émet 20 tonnes de gaz à effet de serre par an, principalement sur la base de tels critères. (C'est, à titre d'exemple, 10 fois plus qu'un habitant moyen de l'Inde). »[12] « Pour limiter l'augmentation de la température mondiale moyenne à 2 °C, les émissions mondiales de gaz à effet de serre doivent être réduites à une moyenne de 2 tonnes par habitant d'ici 2050. »[13]

DÉFORESTATION

« Malgré les efforts pour réduire la déforestation, le monde continue de perdre plus de 7 millions d'hectares de forêts tropicales chaque année. »

PROGRAMME DES NATIONS UNIES POUR L'ENVIRONNEMENT, 20/12/2017

L'importance des forêts est manifeste : elles produisent de l'oxygène et prélèvent du CO_2 de l'air. Ce sont les poumons de notre planète.

Ces cinquante dernières années, environ la moitié des forêts du monde ont disparu.

La déforestation est responsable de 17 pour cent des émissions mondiales de gaz à effet de serre et la déforestation dans les zones tropicales est, à elle seule, à l'origine de 8 pour cent des émissions de CO_2 dans le monde, selon un rapport du PNUE (Programme des Nations Unies pour l'Environnement). L'Afrique perd chaque année 3 millions d'hectares de forêts vierges et de bois, soit la superficie de la Belgique. Le bassin du Congo a un des degrés de déboisement les plus grands et les plus rapides au monde. 65 % du continent africain est menacé par le déboisement et la dégradation de l'environnement. Forest Landscape Restoration (FLR), une initiative des gouvernements britannique, néerlandais et norvégien, récolte à grande échelle des fonds pour y remédier mais, à ce jour, cette initiative s'avère insuffisante car seulement quelques dizaines de milliers d'hectares ont pu être restaurés alors que 3 millions d'hectares de forêts disparaissent chaque année. Des situations similaires se rencontrent sur les continents américain et asiatique.

Une seule illustration suffit : la déforestation à Bornéo. Elle montre qu'en seulement 50 ans, la quasi totalité de la forêt tropicale a disparu. Ce qui restera, ce sont non pas les parties de la forêt conservées volontairement pour des motifs de préservation de la nature mais bien celles qu'il est impossible d'abattre en raison du relief.

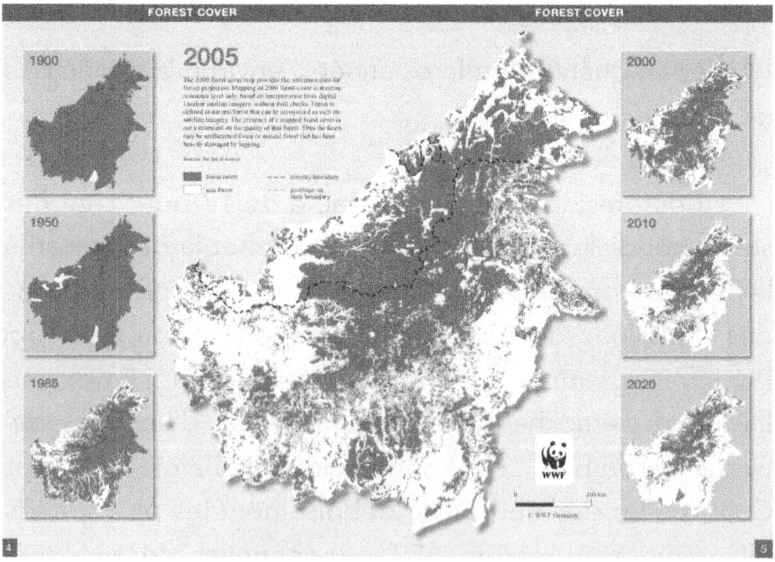

Source : WWF[14]

Ben van Beurden, PDG de Royal Dutch Shell, reconnaît le réchauffement et ses causes tels que décrits dans le rapport du GIEC d'octobre 2018 et ajoute qu'il est possible d'y remédier, principalement par un reboisement massif, d'une superficie égale à celle du Brésil : « Songez à créer un nouveau Brésil en termes de forêts tropicales et vous pourrez atteindre l'objectif de 1,5 °C ».[15]

Au début de ce livre, j'ai parlé de la « couverture » autour de la Terre. Cette « couverture » continue à réchauffer notre planète, quoi que nous fassions, parce que la molécule de CO_2 a la fâcheuse caractéristique de subsister pendant des milliers d'années dans l'atmosphère. Pour arrêter la fonte des calottes glaciaires, il faut en réalité prélever du CO_2 hors de l'atmosphère. On parle dans ce cas d'*émissions négatives*.

Les forêts et le plancton des océans absorbent du CO_2 et produisent de l'oxygène mais, vu les pratiques de déforestation et l'acidification des océans, on ne peut en réalité pas accroître leur rôle… Parmi les produits les plus problématiques figurent le *soja* et *l'huile de palme* : ces deux produits se retrouvent dans presque tout, depuis les dentifrices jusqu'aux biscuits, en passant par les rouges à lèvres, les aliments pour animaux et le biodiesel … Or, ils proviennent de cultures pratiquées là où s'étendaient des forêts tropicales. Les industries du soja et de l'huile de palme abattent les forêts tropicales à cœur joie. Les forêts de notre planète disparaissent au rythme d'un terrain de football toutes les 2 secondes.

Tout est pour le mieux dans le meilleur des mondes possibles.

QUELQUES CHIFFRES

Selon certains, en fin de compte, tout peut s'exprimer en argent et cela vaut aussi pour l'environnement et l'écologie. Voici quelques chiffres clés :

Les sols contiennent encore des réserves d'énergies fossiles équivalant à 2 800 gigatonnes de CO_2. En 2012, nous devions limiter les émissions de CO_2 à 565 gigatonnes pour maintenir le réchauffement sous la barre des 2 °C. Cela signifie que 80 % des réserves doivent rester dans le sol. Nous avons cinq fois plus de pétrole, de gaz et de charbon en réserve que ce que nous pouvons brûler.

Chaque année, nous rejetons dans l'atmosphère de 30 à 40 gigatonnes de CO_2.

Comme nous l'avons déjà dit, les coûts liés à des phénomènes météorologiques extrêmes se sont élevés à 300 milliards de dollars en 2017 aux États-Unis.

En 2015, 5 300 milliards de dollars de subsides ont été attribués dans le monde aux industries des combustibles fossiles.

Le coût social du carbone (CSC) est un indicateur permettant de quantifier ce que coûte le CO_2 à la société : « Certaines organisations ont tenté de calculer ce que coûtera le changement climatique, calculs dans lesquels il faut inclure le coût social du carbone. C'est un instrument politique qui quantifie le coût des dommages économiques à long terme provoqués par une tonne de dioxyde de carbone et, donc, les coûts pour la société. Les résultats ont montré que le monde a considérablement sous-estimé les dommages économiques potentiels du changement climatique. Ils chiffrent les coûts sociaux mondiaux moyens du carbone à 417 USD la tonne, soit bien plus que des évaluations antérieures de 40 USD la tonne. »[16]

L'Agence européenne pour l'environnement a calculé que la pollution de l'air coûte à la communauté 537 milliards d'euros *par an*. Les combustibles fossiles sont peut-être bon marché à court terme mais ils sont affreusement chers à long terme. Il nous faut encore souligner que les coûts des dommages environnementaux ne sont généralement pas inclus dans le prix de revient des combustibles fossiles ; on parle d'*externalités*.

Comme indiqué plus haut, à l'échelle du monde entier, les coûts du réchauffement durant le prochain demi-siècle pourraient – toutes choses restant égales par ailleurs – atteindre 369 billions de dollars, selon le calcul établi par l'Université de Cambridge in 2015.[17] « Le capitalisme pourrait s'effondrer parce qu'il ne permet pas de traduire la réalité écologique dans les prix », dit Øystein Dahle, vice-président d'EXXON.

Les entreprises européennes consacrent en moyenne 7 % de leurs investissements annuels totaux à des modernisations visant à réduire l'impact des activités économiques sur l'environnement.

Par ailleurs, une réduction des émissions de CO_2 des voitures de 40 pour cent ferait disparaître 59 000 emplois mais générerait 151 000 nouveaux emplois.

Vision

NOUVELLES TECHNIQUES, NOUVEAUX SECTEURS

Ce ne sont pas ce que l'on appelle des pommes d'or sur des ciselures d'argent. Pourtant, tout n'est pas encore perdu. C'est nous qui sommes responsables de ces changements et nous avons encore la possibilité d'y remédier.

Voilà déjà des siècles que l'on essaie d'éradiquer la guerre de la Terre, sans résultat probant. Pensez à John Lennon, qui avec sa campagne « WAR IS OVER » n'a, hélas, jamais réussi à apporter ne fût-ce que le moindre petit changement. En fait, le mouvement de défense de l'environnement est différent. Il réussit à engranger des progrès : il a imposé de nouvelles législations et gère des millions d'hectares de zones naturelles. Il compte des millions de membres dans le monde et joue un rôle de pionnier dans la recherche scientifique.

> *« Nous ne sauverons pas tout ce que nous aimerions sauver, mais nous sauverons beaucoup plus que si nous n'essayons jamais. »*
>
> Sir SCOTT, fondateur du WWF

Et ce n'est pas tout.

Primo : nous avons le bonheur de vivre dans une ère où les gouvernements commencent à prendre conscience du fait qu'une économie durable sert les intérêts nationaux. Malgré le point de vue individuel de Donald Trump (et de son lobby de l'industrie des combustibles fossiles), quasi tous les gouvernements du monde ont renouvelé leur confiance dans le plan de Paris pour le climat, lors du sommet sur le climat de Marrakech (novembre 2016). Entre-temps, la gravité de la situation apparaît de plus en plus clairement. Ainsi, la délégation de la Norvège à Marrakech a fait savoir que son pays a l'intention de devenir neutre en carbone 20 ans plus tôt que ne le prévoient les termes de l'Accord de Paris.

Secundo : le coût de la transition vers une économie durable ne s'élèvera probablement pas à plus de 2 % de notre revenu (chiffres de Mc Kinsey) ; en d'autres termes, comme l'a écrit le magazine *Scientific American* : « La transition vers les énergies propres peut se faire rapidement et à peu de frais ». Selon l'Agence internationale de l'énergie, l'énergie solaire peut répondre à plusieurs fois la demande en électricité de l'Afrique du

Nord, du Moyen-Orient et de l'Europe. L'Espagne, par exemple, importe déjà de l'électricité du Maroc. Soit dit en passant, l'électricité non subventionnée la moins chère au monde coûte moins de 2,5 cents de dollar américain le kwh et vient du soleil. L'électricité livrée par les centrales au charbon ou par les centrales atomiques est plus chère (2018).

Programme en matière d'énergie publié par le Ministère néerlandais des Affaires économiques – Vers un approvisionnement énergétique à faibles émissions de CO_2 *« L'Accord de Paris sur le climat demande une réduction nette de la consommation d'énergies fossiles »* *Gouvernement des Pays-Bas* [18]

... ÉNERGIE NUCLÉAIRE

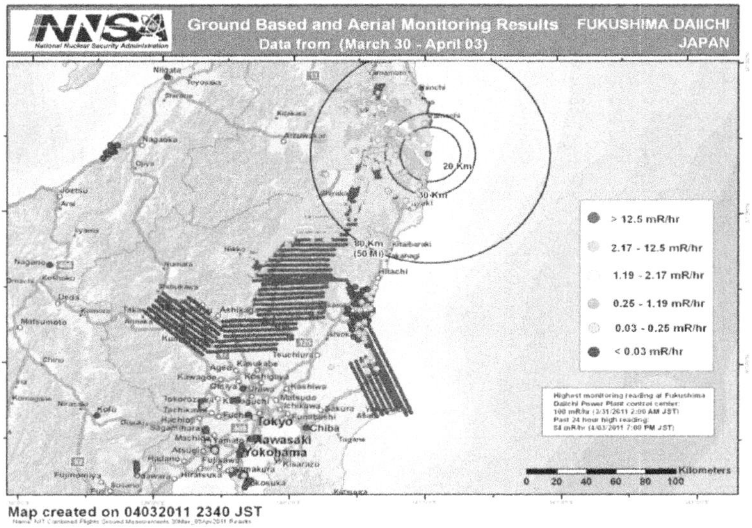

Source : voir note [19]

Nul besoin de s'étendre sur le sujet de l'énergie nucléaire. L'énergie nucléaire ne respecte pas l'environnement, est chère et incroyablement problématique car les déchets nucléaires, qui ne perdent leur radioactivité destructrice de la vie qu'après des centaines d'années, exigent *une stabilité politique pendant autant de centaines d'années*. Son usage relève de la plus profonde folie humaine.

Des quantités massives de matériaux radioactifs ont contaminé les eaux de la mer et l'eau potable après la catastrophe nucléaire de Fukushima en 2011, contamination qui a atteint les côtes écossaises et même canadiennes. Qui sait combien de dizaines de milliers de décès dus au cancer surviendront encore dans les prochaines décennies. Cette catastrophe a coûté, à ce jour, 200 milliards de dollars à la communauté (2016).

« Les coûts des énergies éolienne et solaire ont considérablement baissé. Sur de nombreux marchés, ils sont, par mégawattheure, inférieurs de moitié aux coûts de nouvelles grosses unités nucléaires. »[20]

NEW DEAL VERT ET ÉNERGIES PROPRES

L'*Institut Fraunhofer* affirme que, dans l'Union européenne, nous pourrions économiser *chaque année* 240 milliards d'euros d'ici 2030, en utilisant des énergies vertes et en augmentant l'efficience énergétique. Ce chiffre n'est, en définitive, pas étonnant car, une fois l'investissement fait, le reste est gratuit. Le soleil brille gratuitement, le vent souffle gratuitement. De plus, les investissements cumulés dans les énergies renouvelables s'élèvent à 2,3 billions de dollars (ce qui n'est pas qu'une bagatelle), selon le rapport du Programme des Nations Unies pour l'Environnement (PNUE 2016).

« L'ensemble de l'UE a tout à gagner d'une concrétisation des engagements pris dans l'Accord de Paris sur le climat. Tant le PIB que l'emploi connaîtront une croissance. [...] Mais, pour ce faire, nous devons réduire notre dépendance vis-à-vis des combustibles fossiles, une transition qui exige d'importants investissements dans de nouvelles technologies. Or, selon les calculs des chercheurs d'Eurofound, en investissant dans cette transition vers une économie verte, l'Europe non seulement ne perdra pas d'argent mais fera grimper son PIB de 1,1 pour cent par rapport au maintien du statu quo ».[21 22]

Dans l'ensemble, de nouvelles techniques et technologies ont vu le jour dans le secteur des énergies renouvelables, et ce uniquement parce que dans le monde, un *mouvement d'opinion* en faveur de ces énergies s'est formé. Par exemple, le *Massachusetts Institute of Technology* (MIT) a mis au point une cellule photovoltaïque très fine et minuscule qui ne nécessite qu'un centième des matières premières actuellement requises pour fabriquer une cellule photovoltaïque classique. De nouveaux types d'éoliennes permettent de multiplier par 25 la production d'énergie par rapport aux éoliennes conventionnelles. Il ne fait aucun doute que beaucoup d'autres inventions et nouvelles techniques verront encore le jour parce qu'un jalon important a été franchi : *le sauvetage de l'environnement est devenu une nouvelle activité économique en soi, assortie d'un volume économique considérable* et recèle un potentiel encore bien plus grand. Un nouveau secteur est né : le secteur des énergies renouvelables, auquel s'ajoutent le secteur de la lutte contre la déforestation et le secteur de la lutte contre la pollution. Ces nouveaux secteurs comptent des centaines de nouvelles entreprises et spécialisations. « Intégrer le programme de développement durable dans les décisions commerciales et en matière d'investissements peut ouvrir des opportunités de marché d'un montant de 12 billions de dollars d'ici 2030. Si nous investissons dans la vision qu'ont convenue les gouvernements, nous pouvons espérer des billions de dollars de retombées économiques, une vie meilleure pour des milliards de personnes et la création de millions de bons emplois – tout en protégeant la seule planète que nous partageons et dont nous dépendons », dit Patricia Espinosa, Secrétaire exécutive de la Convention-cadre des Nations Unies sur le changement climatique CCNUCC.

Standard & Poor – la célèbre agence américaine de notation – a calculé qu'à la suite des engagements pris à la Conférence de Paris sur le climat, les investissements dans les énergies renouvelables et dans les technologies propres s'élèveront à 16 billions de dollars. Dans un rapport, la Commission européenne écrit que 20 millions d'emplois supplémentaires peuvent être créés d'ici 2020, dans le sillage de la transition vers une économie verte (2012). Une des grandes sociétés pétrolières, la STATOIL de Norvège, évalue la croissance économique à 3 % à 4 % par an SI nous passons maintenant à une économie pauvre en carbone. Voilà un soutien pour le moins inattendu ...

C'est un peu comme l'avènement d'une nouvelle ère. À l'instar de ce qui s'est produit au XVIIIe siècle avec la révolution politique des Lumières, au XIXe siècle avec la révolution industrielle, au XXe siècle avec diverses révolutions sociales, le XXIe siècle connaîtra peut-être une « révolution écologique » ... – souhaitons-le, tout au moins.

Il est temps de changer nos habitudes de production et de consommation.

Il s'agit de construire une toute nouvelle infrastructure, un réseau adapté, de nouvelles usines avec d'autres types de motorisation et d'autres forces motrices, un peu à l'image de ce qui s'est passé en Allemagne après la deuxième guerre mondiale : cette transition exigera d'énormes investissements, créera de nouveaux emplois et générera une nouvelle croissance économique. Personnellement, je pense que la transition vers une économie circulaire durable est la seule façon de créer de la croissance économique. Al Gore dit à ce propos : « La transition vers les énergies renouvelables représente la plus grande opportunité pour les entreprises qui ait jamais existé dans l'histoire de l'humanité. Les projections pour l'avenir sont très impressionnantes. [...] L'énergie éolienne à elle seule pourrait produire 40 fois l'énergie dont le monde entier a besoin. »

Toutes ces circonstances vont pousser l'humanité à choisir une autre économie, un autre modèle économique. En d'autres termes, l'humanité va, de gré ou de force, changer de cap et entrer dans un nouvel environnement économique. Soit le statu quo est maintenu (scénario 1), ou le monde réussira à exécuter l'Accord de Paris sur le climat (scénario 2).

Dans le scénario 1, nos réserves naturelles s'épuiseront et la destruction des écosystèmes ainsi que le réchauffement climatique entraîneront des migrations. Ce scénario rendra la planète moins vivable et, surtout, des coûts impayables rendront toute croissance économique impossible.

Dans le scénario 2, il se crée une économie durable, certes avec une forte dévaluation conflictuelle d'actifs du tissu industriel classique (les actions dans les mines de charbon, par exemple, perdront toute valeur), mais avec une stabilité climatique et une croissance économique.

« Nous sommes la première génération qui ressent l'impact du changement climatique ; nous sommes la dernière génération qui peut y remédier »

Jay Inslee, gouverneur de l'État de Washington[23]

« J'entends tous les débats sur le coût des mesures à prendre. Je les comprends. Mais je crois que le coût de ne pas faire est bien supérieur sur le long terme. »

Karien van Gennip, PDG d'ING Bank France[24]

PARTICIPATION DES ENTREPRISES

« Au World Wildlife Fund (WWF), nous croyons profondément dans la capacité du secteur privé à générer un changement environnemental positif. »

Sheila Bonini, Vice-Présidente principale du département Engagement du secteur privé au WWF[25]

C'est pour ces raisons aussi que de très grandes entreprises consentent des efforts pour être prêtes à temps pour la transition qui arrive à petits pas. Nombre d'entreprises cotées en bourse se sont engagées, en tant qu'entreprises, à exécuter l'Accord de Paris sur le climat. Cela signifie, qu'elles vont passer à des énergies renouvelables et n'émettront presque plus de CO_2 dans un avenir proche. Nous parlons ici de firmes telles qu'IKEA, APPLE, AB INBEV, et cetera. Ikea, par exemple, a investi 1,5 milliard d'euros dans des énergies renouvelables depuis 2009 et a annoncé récemment qu'elle investira un milliard de plus pour alimenter tous ses magasins et unités de production avec des énergies renouvelables d'ici 2020. Samsung passe à un approvisionnement à 100 % en électricité produite par des énergies renouvelables, tout comme Apple, Google, etc.

INITIATIVES DE GROUPES

Des centaines d'initiatives de groupes ciblant un avenir durable ont vu le jour dans le monde de la finance et des entreprises. Les présenter toutes en détail dépasserait le cadre de ce livre. Nous nous bornerons donc à citer 2 initiatives intéressantes.

La première est l'impressionnant « *GLOBAL INVESTOR STATEMENT* » parce qu'elle représente des actifs de plus de 28 billions d'USD, soit 50 fois le produit national brut de la Belgique et plus que le PNB des États-Unis. Elle regroupe des banques, des fonds de pension et des entités similaires.

Ces investisseurs du monde entier :

(1) donnent, via leurs investissements, leur soutien total à l'exécution de l'Accord de Paris

(2) agissent, notamment en désinvestissant dans les énergies fossiles et en investissant dans le durable

(3) essaient de faire pression sur les gouvernements.

Ils disent : « les émissions de CO_2 actuelles entraînent une hausse inacceptable des températures, avec non seulement des conséquences physiques mais aussi d'importantes incidences financières négatives. » Le fonds de pension *Pensioenfonds Metaal en Techniek* (PMT) des Pays-Bas est un des nombreux signataires de cette initiative.

Le deuxième exemple est le mouvement « *WE ARE STILL IN* », créé aux États-Unis à l'initiative de gouverneurs, de maires de grandes villes et de dirigeants d'entreprises multinationales. Il est assez récent – créé en juin 2017 – et doit être perçu comme une réaction au souhait du Président des États-Unis de sortir son pays de l'Accord sur le climat. Ce mouvement est *de facto* une sorte d'engagement unilatéral à respecter l'Accord de Paris. Son importance financière peut être évaluée à 6,2 billions d'USD. Ce mouvement dit : « La communauté américaine est confrontée aux conséquences sans précédent de catastrophes climatiques qui, d'après les scientifiques, augmentent en fréquence et en gravité. Nous reconnaissons que l'Accord de Paris doit garantir la sécurité, le bien-être et la compétitivité des États-Unis. » Johnsson & Johnsson en est un des nombreux signataires.

Nous en arrivons maintenant au rôle que nombre d'entre nous peuvent jouer : un chef d'entreprise se demande pourquoi donc il devrait s'intéresser à « l'environnement » alors qu'il a tant d'autres soucis. N'est-ce pas au gouvernement d'agir ? Y a-t-il une quelconque utilité à ce qu'une entreprise consente des efforts pour la protection de l'environnement ? De tels efforts auront-ils une incidence positive sur le bénéfice, sur la liquidité ou la solvabilité de l'entreprise ? Voici quelques réponses à ces questions :

- Si, en tant qu'entreprise, on ne s'intéresse pas à la durabilité, on ne sera pas techniquement préparé pour une transition de toute façon inévitable ;
- La future adoption de nouvelles législations et de nouvelles formes d'énergie entraînera probablement la perte de plusieurs investissements ;
- Point peut-être plus important encore, en marketing, une entreprise qui fait peu d'efforts en faveur de la durabilité se coupe d'une grande partie du marché, à savoir le nombre croissant de consommateurs inquiets pour l'environnement.

Consument is kritisch
72% van de consumenten vindt dat bedrijven een positieve bijdrage aan de maatschappij moeten leveren
Consument staat meer open voor duurzaamheid
2016
2017
Vertrouwen in merken neemt toe wanneer ze maatschappelijk verantwoord ondernemen
46%
50%
Let bij de aankoop van producten op dierenwelzijn
41%
45%
Consument is bereid extra te betalen voor duurzame producten
29%
32%
Rol duurzaamheid bij aanschaf verschilt sterk per sector
Energie
63%
Groente en fruit
61%
Auto's
57%
Kleding/mode
45%
Vliegreizen
36%

Dans ces extraits, on peut ainsi lire les informations suivantes :
Le consommateur est critique : 72 % des consommateurs estiment que les entreprises doivent apporter une contribution positive à la société.

Le consommateur est plus réceptif à la durabilité :

	2016	**2017**
La confiance dans les marques augmente lorsque celles-ci assument leur responsabilité sociétale	46 %	50 %
Lors de ses achats, le consommateur est attentif au bien-être animal	41 %	45 %
Le consommateur est prêt à payer plus pour des produits durables	29 %	32 %

Le rôle de la durabilité dans les achats varie énormément d'un secteur à l'autre :

Énergie	63 %	Vêtements/mode	45%
Légumes et fruits	61%	Voyages en avion	36%
Voitures	57%		

Je ne dispose pas de chiffres pour la France ou la Belgique mais, aux Pays-Bas, ces consommateurs représentent une part de marché d'environ 50 % en 2016. En d'autres termes, la moitié des consommateurs tiennent compte de la durabilité lors de leurs achats. La part des consommateurs qui estiment qu'il est important que les entreprises adoptent un comportement durable est de 71 %. Karien van Gennip, PDG d'ING Bank France déclare à ce propos : « Un client qui prend en compte le développement durable dans sa politique interne et commerciale est un client plus solide. Les entreprises les plus durables sont les gagnantes de demain. »[26] « L'Europe a là une opportunité de prendre les devants, de fabriquer les produits que le monde demandera dans les prochaines décennies et de tirer une plus grande valeur économique de nos matières premières précieuses mais limitées », souligne Jyrki Katainen, Commissaire en charge de la croissance et de la compétitivité au sein de la Commission européenne.[27]

L'industrie et le commerce sont les moteurs de notre bien-être et rien n'empêche qu'ils le restent. On peut juste poser les bons choix pour l'avenir.

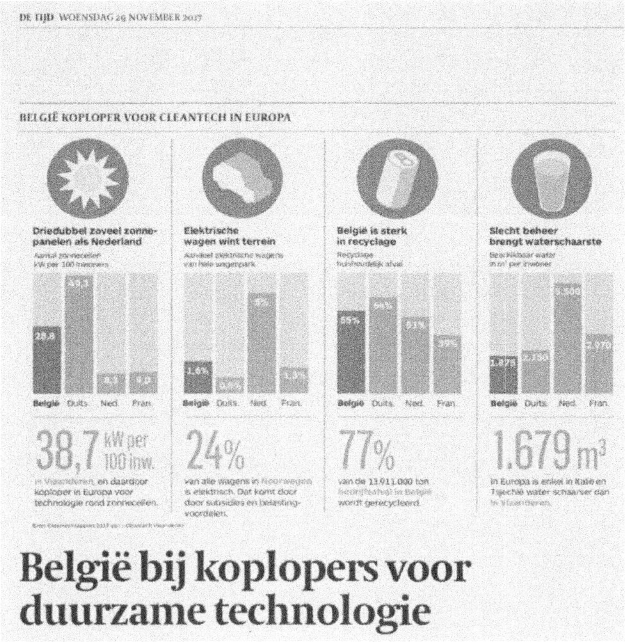

DE TIJD WOENSDAG 29 NOVEMBER 2017

BELGIË KOPLOPER VOOR CLEANTECH IN EUROPA

Driedubbel zoveel zonnepanelen als Nederland

België 28,8 · Duits. · Ned. · Fran.

38,7 kW per 100 inw. in Vlaanderen, en daardoor koploper in Europa voor technologie rond zonnecellen.

Elektrische wagen wint terrein

België 1,6% · Duits. · Ned. 5% · Fran.

24% van alle wagens in Noorwegen is elektrisch. Dat komt door door subsidies en belastingvoordelen.

België is sterk in recyclage

België 55% · Duits. 64% · Ned. 51% · Fran. 39%

77% van de 13.911.000 ton bedrijfsafval in België wordt gerecycleerd.

Slecht beheer brengt waterschaarste

België · Duits. · Ned. · Fran.

1.679 m³ In Europa is enkel in Italië en Tsjechië water schaarser dan in Vlaanderen.

België bij koplopers voor duurzame technologie

La Belgique se classe parmi les premiers pays européens en matière de technologies propres Source : voir note[28]

« Depuis l'interdiction du travail des enfants, les entreprises néerlandaises menacent de partir si le gouvernement poursuit dans cette voie. »

Diederik Samsom[29]

Conclusion

CONCLUSION

Dès qu'on est au courant de la situation, dès qu'on sait, on sait une fois pour toutes ; il n'est plus possible de « ne *pas* savoir ». Il n'appartient pas à des individus intelligents d'ensuite nier ces faits ou de les minimiser en les qualifiant de « *pas si graves* », « *sans importance* » ou « *sans rapport avec nous* ». Il est très difficile d'ensuite hausser les épaules et dire « et alors ? ».

On sera aussi disposé à accepter que les informations et chiffres susmentionnés sont fiables.[30] Nous ne vivons plus au Moyen Âge ; les études scientifiques sont vraiment fiables. Un fait est un fait.

Si vous avez poursuivi votre lecture jusqu'ici, il est fort probable que le sujet vous intéresse. Et vous n'êtes pas seul à vous y intéresser. En effet, une étude réalisée à la demande de la Commission européenne en septembre 2017 conclut qu'une majorité d'Européens (plus de neuf répondants sur dix (94 %) jugent la protection de l'environnement importante pour eux personnellement, plus de la moitié (56 %) la considérant comme très importante.[31]

J'espère qu'après cette analyse, le lecteur accordera une attention supplémentaire à la problématique de l'environnement.

Je repose ici la question posée au début de ce livre : « Comment, en tant que simple citoyen, peut-on remédier à une situation qui menace le monde entier ? »

Chaque citoyen a une responsabilité sociétale et pose des choix dont les incidences dépassent sa petite personne. N'imaginez pas que je souhaite qu'à l'instar de Douglas Tompkins, chacun d'entre vous passe chez le notaire pour acheter 800.000 hectares de terres en Amérique du Sud. Vous ne disposez probablement pas d'une entreprise qui fait un chiffre d'affaires de 5 milliards d'euros.

Mais, ensemble, des millions de citoyens doivent avoir une influence supérieure à celle de cet homme seul. Et tel est le sens d'organisations comme le WWF, Greenpeace, Fondation Nicolas Hulot, Friends of the Earth, National Trust, etc., etc., etc. En effet, sans ces organisations – donc sans les membres de ces organisations – il n'y aurait *jamais* eu d'Accord de Paris sur le climat. Dans les limites de nos possibilités, nous devrions suivre l'exemple de Douglas Tompkins, avoir le même réflexe : si une chose à laquelle vous tenez est en danger, vous devez vous battre pour la sauver ou la perdre à jamais.

Ce que je veux dire, en réalité, c'est que l'on peut aider utilement en se ralliant à une association de défense de l'environnement de son choix.

Gand, 20/12/2017, Werner Murez
Complété en 04/2019

« Nous n'avons qu'une seule planète, nous la partageons et nous n'avons aucune solution de rechange. Et cette destinée commune nous donne des devoirs communs. »

Emmanuel Macron, Président de la France[32]

« Vous devez être le changement que vous voulez voir dans ce monde »

Mahatma Gandhi

Au cours d'une récente interview en Norvège, dans le cadre du « Oslo Business Forum », l'ex-Président Barak Obama a répondu à une question intéressante, à savoir : « Que feriez vous si aujourd'hui vous étiez Président pour un jour supplémentaire? ».

Obama a déclaré qu'il restait encore beaucoup de travail à terminer lorsqu'il a quitté la Maison-Blanche mais que, s'il avait plus de temps, il accorderait une plus haute priorité à la protection de l'environnement et poursuivrait les travaux ayant mené aux progrès engrangés sous sa présidence. Il a souligné que l'Accord de Paris est un pas important dans la bonne direction, mais que ce n'est qu'un *premier* pas et qu'il « *reste encore beaucoup plus de travail à accomplir* ».[33]

Al Gore (2017) : « J'ai consacré la plus grande partie de ma vie, à savoir ces dernières dizaines d'années, à tenter d'en apprendre plus sur la crise climatique auprès d'experts et à collaborer avec des pionniers des technologies et de la politique pour trouver des solutions au défi sans précédent auquel est confrontée l'humanité, mais je n'ai jamais été plus optimiste.

À ce stade de la lutte pour résoudre la crise climatique, il ne reste que trois questions :

- Devons-nous changer ?
- Pouvons-nous changer ?
- Changerons-nous ?

Vous trouverez des preuves tout à fait probantes à l'appui de la conclusion qui s'impose, à savoir que la réponse aux deux premières de ces trois questions est sans ambiguïté « OUI ».

Je suis convaincu que la réponse à la troisième question – « Changerons-nous ? » – est aussi « oui », mais cette conclusion, contrairement à la réponse aux deux premières questions, relève de la prévision. Pour que cette prévision se réalise, il faut que se renforce en permanence le consensus mondial incarné dans l'Accord de Paris de décembre 2015, par lequel chaque nation du monde s'est engagée à entreprendre une action coordonnée pour ramener à zéro les émissions nettes de gaz à effet de serre le plus tôt possible durant la deuxième moitié de ce siècle.

Le renforcement de ce consensus dépend, lui, de la poursuite du développement d'un *mouvement citoyen* mondial qui encourage les dirigeants politiques de chaque nation à prendre des mesures encore plus concrètes que celles qui ont été convenues à Paris. Heureusement, ce *mouvement de la base* croît rapidement, non seulement chez les militants et dirigeants de la société civile mais aussi parmi les dirigeants d'entreprises, les investisseurs, les maires et d'autres fonctionnaires élus, qui reconnaissent que la mobilisation n'a jamais été aussi forte. Ce mouvement gagne en influence à mesure que grandit le nombre de personnes qui prennent conscience de la nécessité absolue de changer. »[34]

Appendice

APPENDICE

Nul ne peut douter de l'existence de cette problématique. Les *principaux faits* sont le réchauffement de la Terre, la perte de biodiversité et la déforestation. Étant donné que le problème dépasse les possibilités des comportements individuels et que la faute ne peut être imputée à personne en particulier, seules des solutions *collectives* peuvent y remédier. Les *principales solutions* sont à trouver dans les énergies durables, dans l'économie circulaire et dans la protection du patrimoine naturel. Elles ne verront toutefois pas le jour spontanément ou devront être, à tout le moins, encouragées. C'est pourquoi il faudra des *traités* et des *législations*. La législation s'appuiera toujours sur le droit fondamental au bien-être et à un monde sain et vivable pour tous, aussi bien aujourd'hui qu'à l'avenir. Les *parlements et les gouvernements* resteront plutôt passifs, à moins qu'ils n'entrent en confrontation avec des *initiatives citoyennes* qui donnent voix au mouvement d'opinion croissant au sein de la population. Tout a été et est encore enclenché par des « organisations de protection de l'environnement », des « initiatives citoyennes », la « société civile », quel que soit leur nom.

En réalité, les principaux faits et données à ce sujet sont exposés dans les chapitres précédents. Le présent « Appendice » aborde des questions complémentaires :

- Le climat n'a-t-il pas toujours connu des fluctuations ?

- Quelle quantité de CO_2 se trouve déjà dans l'atmosphère ?
- Qu'entend-on par déni du réchauffement climatique ?
- Pourquoi parle-t-on d'une augmentation de 1,5°C ou 2°C ?
- Les États-Unis se retireront-ils de l'Accord de Paris ?
- Quels sont les montants des subsides octroyés à l'énergie nucléaire et aux combustibles fossiles ?
- Quel est le degré de nocivité des éoliennes et des panneaux solaires pour l'environnement ?

HISTORIQUE DU CHANGEMENT CLIMATIQUE

Al Gore : « Notre point de vue depuis le sol, les yeux tournés vers le ciel, peut nous induire en erreur. Nous voyons l'atmosphère comme une voûte céleste immense et illimitée. Cependant, les scientifiques savent depuis longtemps ce que des photos prises depuis la station spatiale internationale révèlent : l'atmosphère est en fait une couche extrêmement mince autour de notre planète. C'est ce qui la rend si vulnérable aux activités humaines. Si vous rouliez tout droit en voiture à une vitesse similaire à la vitesse sur autoroute, vous seriez en moins d'une heure dans l'espace. Chaque jour, nous rejetons, dans cette très mince couche, 110 tonnes de pollution contribuant au réchauffement. La quantité d'énergie thermique supplémentaire que nous déposons dans l'atmosphère équivaut à ce qu'émettrait l'explosion quotidienne, à la surface de la Terre, de 400.000 bombes atomiques du type de celle de Hiroshima. Nous vivons sur une grande planète mais il s'agit là d'une quantité d'énergie thermique inimaginable. »[35]

Nombre des déclarations mentionnées ci-dessus et ci-dessous au sujet du réchauffement de la Terre proviennent des conclusions du cinquième rapport du Groupe d'experts intergouvernemental sur l'évolution du climat (GIEC), « *l'ouvrage de référence le plus rigoureux et le plus complet sur le changement climatique* », selon J.-P. van Ypersele, professeur de climatologie à l'Université Catholique de Louvain et ancien vice-président du Groupe d'experts de l'ONU sur l'évolution du climat (GIEC). Ce Groupe d'experts des Nations Unies « a été créé en 1988 par l'Organisation météorologique mondiale (OMM) et le Programme des Nations Unies pour l'Environnement (PNUE), dans le but de donner aux décideurs politiques des comptes rendus scientifiques réguliers sur le changement climatique, l'impact de ce changement et les risques futurs et de formuler des options d'adaptation et d'atténuation. Les comptes rendus du GIEC sont rédigés par des centaines de scientifiques de premier plan qui consacrent volontairement leur temps et leur savoir-faire en tant qu'auteurs coordonnateurs principaux et auteurs principaux de ces rapports. Ces auteurs principaux font intervenir en tant qu'auteurs des centaines d'autres experts, qui apportent leur savoir-faire spécifique complémentaire. Les rapports du GIEC sont soumis à plusieurs étapes de conception et d'évaluation qui permettent de garantir leur exhaustivité, leur objectivité et leur rédaction ouverte et transparente. Des milliers d'autres experts contribuent à ces rapports en tant que critiques et veillent à ce que ces rapports reflètent toute la gamme des opinions de la communauté scientifique. »[36]

La Terre et le cosmos connaissent, depuis des millions d'années déjà, des évolutions et des changements sur lesquels nous, humains, n'avons aucune influence. Toutefois, nous savons précisément sur quels éléments nous pouvons peser : les émissions de CO_2 et d'autres gaz à effet de serre. La climatologue Jill Peeters dit à ce propos : « Il y a essentiellement quatre grandes causes naturelles au changement climatique.

- La plus importante est indubitablement la « dérive des continents » [...]; il faut déjà plusieurs dizaines de millions d'années avant qu'un changement de cette nature devienne visible. [...]

• L'alternance [des périodes glaciaires] est liée à la deuxième cause importante de changement climatique naturel : les variations de l'orbite de la Terre autour du Soleil [...]

• Vient ensuite la troisième cause naturelle [...] : de plus petites variations provoquées par des changements dans la dynamique du soleil, appelées cycles de Dansgaard-Oeschger. [...] Leur influence est, selon le rapport du GIEC, très limitée. Leur contribution au réchauffement est de seulement 2 % (periode de 1750 à 2011) [...]

• Par souci d'exhaustivité, nous devons mentionner comme quatrième facteur naturel déterminant pour le climat les grandes chutes de météorites et les éruptions volcaniques [...], la chute de météorite la plus connue étant celle d'il y a 65 millions d'années. »[37]

À ces facteurs vient donc s'ajouter l'activité humaine qui influence le climat. La science permet de bien distinguer les facteurs naturels des causes humaines. « À mesure qu'augmente le taux de CO_2 dans l'atmosphère, on constate une baisse de la concentration de l'atmosphère en O_2 (oxygène). Cela s'explique par le fait que le carbone (C) provenant du pétrole et du charbon se lie, lors de sa combustion, avec l'oxygène atmosphérique pour former du dioxyde de carbone (CO_2). Ce lien est connu depuis le début des années 1990. C'est un des principaux éléments de l'argumentation selon laquelle la hausse des concentrations de CO_2 dans l'atmosphère doit être la conséquence de la combustion de combustibles fossiles et ne doit donc pas avoir de cause naturelle », dit le Prof. Philippe Huybrechts, climatologue à la Vrije Universiteit Brussel et auteur du rapport du GIEC[38]. Une confirmation des données scientifiques sur le changement climatique et sur ses causes (activités humaines récentes) est venue d'une source des plus inattendues. En effet, dans un rapport interne de la société pétrolière SHELL rédigé en 1988, il est littéralement dit : « Il existe un consensus scientifique raisonnable pour dire qu'une hausse des émissions de gaz à effet de serre provoquerait un réchauffement mondial. »[39]

« Le réchauffement soudain « le plus récent » date de la fin du paléocène, soit il y a environ 56 millions d'années »[40]

COPENHAGUE, « MUNICH DE NOTRE TEMPS »

Pourquoi a-t-on qualifié Copenhague de « Munich de notre temps » ?

Tout d'abord quelques faits[41]. L'universitaire américain Dr. Bill Mc Kibben a écrit : en 2012, on a constaté le 327e mois consécutif au cours duquel la température dans le monde entier avait dépassé la moyenne du XXe siècle. Un calcul de probabilité simple exclut que la Terre ne soit *pas* en train de se réchauffer.

En 2009, durant les jours sombres de décembre, un sommet mondial se tenait à Copenhague et offrait une opportunité de prendre des mesures. 167 pays responsables de 87 % des émissons de CO_2 ont signé une déclaration selon laquelle (1) il est scientifiquement établi que la hausse de la température mondiale doit rester sous les 2 °C et (2) une réduction importante des émissions de CO_2 est nécessaire pour y parvenir. *Mais* : Le sommet de Copenhague a été un échec spectaculaire parce que tous les pays se sont bornés à signer des accords purement volontaires. Ainsi personne n'était en réalité *obligé* de faire quoi que ce soit. Voilà pourquoi Copenhague est entré dans l'histoire mondiale de la politique environnementale comme le « Munich de notre temps ». J'imagine qu'il est inutile de rappeler ici ce que fut la conférence de Munich de 1938.[42]

Bill Mc Kibben cite trois chiffres simples. *Le premier est 2.* Il entend par là 2 °C. Jusqu'à présent, la température moyenne de la planète a augmenté de 0,8 °C (année 2012). Un tiers de la banquise d'été dans la région du pôle nord a disparu. Le coût des dévastations provoquées par l'ouragan Sandy dans l'État de New York a été évalué à 70 milliards d'euros. En 2012, les cultures de maïs n'ont produit aucune récolte aux États-Unis. Si la température continue à augmenter, on parle d'un « scénario catastrophe à 2 °C ».

Le deuxième chiffre est 565. Des scientifiques évaluent que jusqu'à la moitié de ce siècle, l'homme peut encore rejeter dans l'atmosphère 565 gigatonnes de dioxyde de carbone, tout en gardant la possibilité de maintenir le réchauffement sous les 2 °C.

Le troisième chiffre est 2 795. Des analystes ont calculé la quantité de CO_2 présente dans les réserves prouvées de charbon, de gaz et de pétrole, c'est-à-dire la quantité de combustibles fossiles potentiellement utilisable. La quantité de pétrole, de charbon et de gaz en réserve est 5 fois supérieure à celle qui, selon les climatologues, peut être brûlée sans danger, à savoir 2 795 gigatonnes, alors que, pour maintenir le réchauffement sous les 2 °C, on ne peut rejeter que 565 GT de CO_2. Un scénario sûr exigerait donc que 80 % des réserves mondiales restent dans le sol.

Il n'existe probablement aucun moyen de garantir que 80 % de ces réserves restent dans le sol. Ces combustibles fossiles sont gérés par des entreprises du secteur de l'énergie et par des gouvernements. Par leur nature même, les entreprises du secteur des combustibles fossiles telles que Shell ou BP sont opposées à une réglementation environnementale mais on peut aussi aisément comprendre pourquoi elles se battent tant pour empêcher l'adoption de réglementations environnementales : elles se battent pour leur survie économique et pour leur existence tout court. Ainsi, droit et législation montrent leurs failles lorsque, selon les termes du sociologue Ulrich Beck, *la survie légitime d'une organisation constitue une catastrophe pour d'autres organisations ou communautés*[43]. Bill Mc Kibben parle de 3 chiffres simples dont la somme est une catastrophe mondiale.

Or, ces chiffres constituent un défi pour notre civilisation. Je me souviens d'un documentaire vu dans ma jeunesse, « *The ascent of man* » ou « L'ascension de l'homme », une très belle série de la BBC basée sur le livre écrit par le scientifique Jacob Bronowski. Dans cette série, le terme « développement » est présenté comme une croissance ou une évolution vers un niveau de civilisation supérieur, bref comme un *progrès*. Aujourd'hui, les défis et, surtout, les problèmes posés à l'humanité sont plus grands que jamais.

Pour reprendre les termes du philosophe allemand Adorno, « Comment peut-on découvrir du progrès dans l'histoire, après toutes les catastrophes que nous avons déjà dernière nous et toutes celles qui nous attendent encore ? ». Et il ajoute : « Aucune histoire universelle ne mène du sauvage à l'humanité, mais il y en a une qui mène du lance-pierre à la mégabombe. »

DÉNI, DÉSINFORMATION ET PSEUDO-SCIENCE

On ne va tout de même pas débattre de la gravité ?

À la question « Quel regard portez-vous sur le débat sur le climat ? », Robert Dijkgraaf a répondu : « Ce débat ressemble parfois à un conflit entre société et science mais il s'agit d'un conflit entre société et réalité. Les scientifiques présentent simplement les faits et ont toujours le dernier mot, mais j'ai le sentiment que notre société n'est pas bien organisée pour ce débat. Les médias débitent tout en "pour" ou "contre". Ensuite, on oppose à un scientifique, qui représente des milliers de collègues, un original, qui sera la voix dite "discordante". Cela rend peut-être les émissions télévisuelles ou les articles de journaux "divertissants" mais la science en souffre parce qu'il n'y a pas de débat. On ne va tout de même pas débattre de la gravité ? ».[44] (Robert Dijkgraaf est professeur émérite de physique mathématique à l'Université d'Amsterdam)

Le niveau de CO_2 est resté sous les 280 parts par million durant des centaines de milliers d'années ; à la suite de la combustion de combustibles fossiles et de la déforestation, il est passé à environ 400 ppm. Nous sommes sûrs à 100 % de l'origine du réchauffement : les activités humaines récentes. C'est là la cause du réchauffement de la Terre. Ces données sont confirmées par tous, y compris par les sources « les moins suspectes ». Cependant, cela ne suffit pas à convaincre tout le monde. Les « dénégateurs du réchauffement climatique » sont particulièrement nombreux aux États-Unis. Leur ignorance s'appuie parfois sur des raisonnements assez absurdes tels que « Dieu est bien plus grand que nous et s'il y a vraiment un problème, il peut s'en charger » ou le Groenland était « vert » au Moyen Âge. En 2015, seulement 28 % des chrétiens évangéliques américains admettaient que le changement climatique était dû à l'activité humaine. Dans une émission pour Radio1, la première chaîne de la radio publique flamande, Brecht Decoene parle de « théoriciens du complot » (2019).

« Le climat ne change pas à cause des émissions de CO_2 et absolument pas à cause des activités humaines. Le monde se refroidit simplement un peu. Le réchauffement mondial est une fabulation de la clique gauchiste. Il y a non pas trop mais trop peu de CO_2 dans l'atmosphère. » Aux États-Unis, des groupes de réflexion travaillent au quotidien pour en convaincre le reste du monde. Gideon Levy est parti aux États-Unis pour la VARA, un des groupes audiovisuels publics des Pays-Bas, afin de voir cela de ses propres yeux. Dans l'émission *Klimaatontkenners* [Dénégateurs du réchauffement climatique], le producteur radio Gideon Levy suit un cours accéléré sur la négation du réchauffement climatique. [45]

« Ceux qui défient activement la climatologie se décrivent comme "sceptiques" mais ce que beaucoup d'entre eux font ne répond pas aux normes habituelles du scepticisme scientifique et, indépendamment des preuves avancées, ils nient en permanence la validité du réchauffement de la Terre causé par l'homme. Plus de 90 % des climato-sceptiques sont issus de groupes de réflexion de droite. [...] Vu la prévalence des opposants à la climatologie qui sont bien payés et bénéficient d'un solide ancrage politique, le phénomène de la négation de la science est devenu un sujet de plus en plus abordé cette dernière décennie. Différents auteurs ont commenté les corrélations entre les rejets non scientifiques de la climatologie et des réactions similaires dans d'autres domaines scientifiques tels que l'*évolution, les vaccinations* et *le tabac*. L'expression "négation de la science" est maintenant souvent utilisée pour décrire ces activités anti-scientifiques et, dans la littérature, on trouve de plus en plus d'articles qui décrivent leurs caractéristiques communes et cartographient les liens personnels, organisationnels et économiques entre elles. »[46]

« [...] La "négation de la science" doit être perçue comme une des deux principales formes de pseudoscience, l'autre étant la promotion de pseudothéories. Une comparaison détaillée a été établie entre trois formes dominantes de négation de la science, à savoir la *négation de la théorie de la relativité*, *la négation de l'évolution* et *la négation de la climatologie*. Différentes caractéristiques identifiées distinguent la "négation de la science" d'autres formes de pseudoscience, en particulier la propension à constamment inventer de fausses controverses, l'extraordinaire prédominance des hommes parmi ces activistes et le lien fort avec diverses formes de mouvements politiques de droite. »[47]

« En opposition directe avec la position du gouvernement Trump concernant le changement climatique, 13 agences fédérales ont dévoilé vendredi un rapport scientifique détaillé qui affirme que l'homme est la cause dominante de la hausse mondiale des températures à l'origine de la période la plus chaude dans l'histoire de la civilisation. Ces 115 dernières années, les températures moyennes mondiales ont augmenté de 1,8 degré

Fahrenheit, ce qui a provoqué des phénomènes météorologiques sans précédent et des températures extrêmes, d'après ce rapport. La tendance mondiale au réchauffement à long terme est "sans équivoque", dit ce rapport, et il n'existe "aucune affirmation alternative convaincante" permettant d'en imputer la responsabilité à tout sauf aux êtres humains – avec les voitures que nous conduisons, les centrales que nous exploitons, les forêts que nous abattons. »

Ces lignes ont été publiées le 3 novembre 2017 dans le New York Times. Le rapport dont il est question est celui du « *U.S. Global Change Research Program* », c'est-à-dire le Programme des États-Unis pour la recherche sur le changement climatique dans le monde.[48]

Le Prof. Claudia KEMFERT écrit dans « *Das fossile Imperium schlägt zurück* » [L'empire fossile contre-attaque] : « ... Des vérités scientifiques sont niées et remplacées par des opinions absurdes. Par exemple : le changement climatique ne serait qu'une perfide invention de marketing forgée par des Chinois cupides pour saper l'économie américaine. Depuis l'arrivée de Trump au pouvoir, l'industrie des combustibles fossiles règne en maître aux États-Unis : c'est un avocat de l'industrie du pétrole et du charbon qui dirige l'Agence américaine pour l'environnement ; le Ministre de l'Énergie nie le changement climatique ; le Ministre des Affaires étrangères dirigeait jadis une compagnie pétrolière ; et le Ministre des Affaires intérieures sympathise avec l'industrie du gaz, du charbon et du pétrole. Voilà pourquoi, depuis l'investiture de Trump en janvier 2017, toute recherche avec le mot clé "*climate change*" [changement climatique] sur le site web de la Maison-Blanche se solde par un échec. Ce qui est annoncé à la place, c'est le "*America First Energy Plan*" de Trump :

fini le "Plan d'action pour le climat" de son prédécesseur, finis les investissements inutiles dans les énergies renouvelables, mais des investissements sont réalisés dans la fracturation hydraulique ; et finie l'interdiction des forages dans la région du Pôle nord. Pétrole, gaz et charbon reviennent en force! »[49]

Tout cela illustre ce qui se passe aux États-Unis et en d'autres endroits du monde. Les « dénégateurs du réchauffement climatique », c'est-à-dire les personnes qui nient la vérité scientifique sur le réchauffement de la Terre, sont à la barre. « Trump s'est entouré des plus farouches dénégateurs du réchauffement climatique, qui semblent avoir capté toute son attention sur cette question » (Al GORE). « Trump est le porte-drapeau des traits dominants de la culture américaine : la cupidité y est une caractéristique positive, le libre échange y est tout puissant et seul l'argent compte ; les hommes blancs sont meilleurs que tous les autres ; les pauvres méritent leur sort et l'ont même cherché ; le 1 pour cent de riches méritent vraiment leurs tours dorées ; le monde est peu sûr et nous devons nous défendre » (Naomi KLEIN). Ce cadre de pensée ne peut naturellement pas s'accommoder de l'idée que l'idéal ultracapitaliste primaire cède la place à l'intérêt général – chez ces gens-là, le capitalisme pur et dur EST l'intérêt général. Dans leur optique, tout se règle finalement de soi même, même le climat, et tout est bien qui finit bien. Voltaire aurait pu écrire un livre à ce sujet…

Belia Heilbron et Thomas Muntz écrivent dans le *Groene Amsterdammer*, un hebdomadaire indépendant néerlandais : « Tous les électrons libres nient le fait scientifiquement prouvé que le climat connaît un changement considérable du fait des émissions humaines de gaz à effet de serre et que cela aura très probablement des conséquences problématiques. Cette négation peut se faire de diverses manières. Certains affirment qu'il n'a pas encore été prouvé que les gaz à effet de serre provoquent effectivement le réchauffement constaté (car le climat est en constante évolution) ; d'autres affirment que le climat se réchauffe bel et bien mais absolument pas si vite qu'il faille prendre des mesures politiques concrètes ; d'autres encore disent que le climat se réchauffe bel et bien et effectivement parce que les activités humaines rejettent des gaz à effet de serre mais qu'au final, ce sera au bénéfice de la Terre et de l'homme parce qu'une augmentation du CO_2 est bénéfique pour les plantes et que la chaleur rendra plus de zones de la surface de la Terre fertiles. »[50]

Dans un article d'opinion publié dans le *Washington Post*, j'ai lu ceci : « Je l'admets. J'étais sceptique concernant le changement climatique. J'étais un de ces conservateurs qui pensaient que la science n'était pas convaincante, que la peur du réchauffement de la Terre était aussi exagérée que la crainte d'une nouvelle ère glaciaire dans les années 1970, que le changement climatique est naturel et cyclique, qu'il n'induisait aucun coût économique, que rien ne justifait que l'on s'intéresse à cette menace hypothétique. J'ai changé d'avis parce que le consensus scientifique est tellement clair et convaincant. La quatrième évaluation nationale du climat, publiée vendredi par le gouvernement américain, le dit sans ambages : « Les observations rassemblées dans le monde entier livrent des preuves significatives, claires et convaincantes que la température moyenne mondiale est nettement plus élevée et augmente plus rapidement que ce que la civilisation moderne a jamais connu, ce qui a un impact très étendu et croissant. »[51]

Malheureusement ce type de réaction est peu répandu parmi les « dénégateurs du réchauffement climatique ».

CONSÉQUENCES DU RÉCHAUFFEMENT

Extrait du documentaire de *National Geographic* de 2016 « *BEFORE THE FLOOD* » : conversation entre le Dr. Johan Rockström (professeur de Sciences de l'environnement à l'Université de Stokholm) et Leonardo Di Caprio :

Johan Rockström : Nous sommes en passe d'atteindre un réchauffement de 4 °C durant ce siècle. Au cours des 4 derniers millions d'années, le monde n'a jamais connu un réchauffement de 4 °C. Nous ne pouvons donc pas dire que nous savons bien à quoi nous attendre.

Leonardo Di Caprio : Quelles seront les conséquences pour le monde si nous n'agissons pas ?

JR : Eh bien, pour commencer, ces 12 000 dernières années, les températures ont été merveilleusement stables. En fait, la température moyenne a varié de seulement 1 °C durant toute cette période.

LDC : Une planète parfaite avec une atmosphère parfaite ...?

JR : Absolument. Donc, la température commence à augmenter à notre époque.

LDC : Où en sommes-nous maintenant ?

JR : Eh bien, nous nous approchons aujourd'hui de 1 °C ; déjà à 0,85 °C, nous voyons un impact plus rapide que prévu.

(À l'écran, on voit des images de « tempêtes énormes, très étendues, dont 16 millions d'Américains ressentent la force ». Nous entendons des témoignages sur des sécheresses sans précédent.)

JR : Les récifs coralliens du monde commencent à s'effondrer, même avant que la hausse n'atteigne 2 °C.

LDC : On prédit que la hausse [dans l'état actuel des choses] atteindra 1,5 à 2 °C : est-ce cela qui va probablement se passer ?

JR : Oui, cela se produira probablement. Mais si le réchauffement atteint 3 à 4 °C, nous aurons une chaleur telle qu'il ne sera plus possible de vivre dans de nombreuses régions. L'agriculture autour de l'équateur va disparaître, ce qui nous amènera à un point où nous ne pourrons plus assumer l'immense responsabilité de nourrir l'humanité.

Ce qui rend les scientifiques si nerveux, c'est que nous pouvons atteindre un point où la Terre prend le relais et se met elle-même à renforcer le réchauffement.

C'est ce que nous appelons les « points de basculement » (« *tipping points* »). Le point de basculement le plus évident est le Groenland : pour la première fois, la glace est en train de fondre sur l'ensemble de sa surface, à un point tel que cette surface passe d'une couleur blanche à une couleur sombre. Ainsi, au lieu de jouer un rôle de refroidisseur, le Groenland devient tout à coup une zone de réchauffement.

LDC : Parce que la glace ne peut plus réfléchir la chaleur ?

JR : En effet ... rien que le changement de couleur ... Brusquement toutes ces rétroactions commencent à jouer un rôle : le méthane piégé dans le permafrost finit par se libérer et réchauffe la planète encore plus, ce qui libère encore plus de méthane ...

LDC : C'est ce qui se passera si nous ne prenons pas de mesures directes ...

JR : Oui, ... c'est le scénario en cas de statu quo ...

Pier Vellinga, professeur de climatologie à l'Université de Wageningen, n'y va pas par quatre chemins. « Si on ne change pas de cap maintenant, dit-il, la Terre ne restera jamais sous la barre d'un réchauffement de 1,5 à 2 °C, tel que convenu dans l'Accord de Paris. Cela augmente le risque de dommages irréversibles, tels que la fonte de la calotte glaciaire du Groenland ou la libération massive du méthane, un gaz à effet de serre, actuellement piégé dans la toundra encore gelée. »[52] Selon Jean-Pascal Van Ypersele, « si nous maintenons nos émissions actuelles, des phénomènes météorologiques extrêmes tels que des vagues de chaleur ou des précipitations extrêmes se multiplieront. Le niveau moyen de la mer montera de 30 à 100 centimètres d'ici 2100. Les zones côtières non protégées seront inondées. L'agriculture et l'approvisionnement alimentaire seront menacés. Des migrations massives se produiront. La qualité de la vie sur la seule planète habitable de notre système solaire est en jeu ».[53] « Mais, dit Serge de Gheldere, comme la limite supérieure "sûre" est en fait bien inférieure à 2 degrés, 195 dirigeants mondiaux ont convenu l'an dernier à Paris que tout serait mis en œuvre pour maintenir l'augmentation mondiale de la température sous 1,5 degré. Pour atteindre cet objectif, nous ne pouvons plus ajouter que 353 milliards de tonnes de CO_2 à l'atmosphère d'ici 2050, alors que dans le monde, il existe des réserves potentielles de combustibles fossiles de 942 milliards de tonnes dans les sources en exploitation. Actuellement, la quantité cumulée de CO_2 rejetée chaque année par l'ensemble des pays du monde est de 38 milliards de tonnes. L'examen de ces chiffres montre qu'il n'existe que peu voire pas de marge pour de l'immobilisme. Il faut s'atteler rapidement à lancer un "déclin géré". Si nous ne saisissons pas cette opportunité, il est pratiquement sûr que nous entrerons dans un cercle vicieux. La Terre se réchauffera alors non pas de 2 mais de 3, 4 ou 5 degrés, avec les conséquences dramatiques qui sont entre-temps connues. »[54]

Des rapports des Nations Unies ne brossent pas un tableau réjouissant : « Dans le même temps, le cycle mondial de l'eau s'intensifiera parallèlement au changement climatique, rendant les zones humides généralement encore plus humides et les zones sèches, encore plus sèches. Pour le moment, environ 3,6 milliards de personnes (presque la moitié de la population mondiale) vivent dans des zones qui sont à risque de pénurie d'eau au moins un mois par an et cette part de la population mondiale pourrait augmenter jusqu'à environ 4,8 à 5,7 milliards en 2050. »[55] « Selon les évaluations, *40 pour cent* des terres aujourd'hui utilisées pour l'agriculture extensive seront perdues en 2050. Cependant, dans le monde, la production agricole devra augmenter de 50 pour cent pour pouvoir nourrir la population mondiale d'ici 2030, ce qui fait de la transition vers une agriculture durable un sujet brûlant. »[56]

Le dernier rapport du gouvernement américain au sujet du changement climatique illustre le coût potentiel de ce phénomène : il évalue que les inondations plus fréquentes, les ouragans plus violents et les feux de forêts plus intenses, entre autres, ont coûté 1,1 billion (10^{12}) de dollars au pays depuis 1980.[57]

« Mark Carney, gouverneur de la Banque d'Angleterre, a prévenu que le changement climatique entraînera des crises financières et une baisse du niveau de vie, à moins que les pays les plus influents en fassent plus pour garantir que leurs entreprises réduisent leurs émissions de carbone actuelles et futures. Des preuves incontestables du rôle de l'homme dans le changement climatique montrent que, depuis les années 1980, les pertes liées à des événements météorologiques ont triplé. Après déduction de l'inflation, les pertes annuelles pour le secteur des assurances ont quintuplé pour atteindre 50 milliards d'USD. Le changement climatique est la "*tragédie de l'horizon*". Inutile d'avoir une armée de statisticiens pour comprendre que les conséquences catastrophiques du changement climatique se feront sentir *au delà* de l'horizon de la plupart des acteurs de la génération actuelle et, surtout, infligeront aux générations *futures* des coûts générés par des problèmes auxquels la génération actuelle, faute de stimulants, ne veut par remédier directement. »[58]

« La pression démographique, le manque d'opportunités économiques, la destruction de l'environnement et de nouvelles formes de voyages alimentent un bouleversement de l'humanité et des *migrations* dangereuses à une échelle sans précédent, dit Erik Solheim, Directeur exécutif du Programme des Nations Unies pour l'Environnement. Tandis que des millions d'êtres humains voient que le changement climatique sape leurs possibilités d'assurer leur subsistance, le problème ne fera que s'aggraver, faute d'un leadership mondial visionnaire. »[59]

UNE HAUSSE JUSQU'À 1,5 À 2 °C : POURQUOI ?

On parle d'une limitation impérative de la hausse à 1,5 à 2 °C : pourquoi ? Les climatologues parlent de « mécanismes de rétroaction », de « rétroaction positive » et d'« instabilité des calottes glaciaires », autant d'expressions traduisant un effet domino, un effet boule de neige. « Pendant les sommets sur le climat de Copenhague (2009) et Cancun (2010), dit la climatologue Jill Peeters dans "*40 degrés à l'ombre*", la CCNUCC a en effet postulé cette valeur seuil (2 °C) parce qu'il existe des indications suffisantes que les mécanismes de rétroaction joueront un rôle majeur en cas de réchauffement de 2 °C et feront rapidement monter le réchauffement à 3 °C, même en l'absence de nouvelles émissions humaines de gaz à effet de serre. En d'autres termes, à compter de ce moment, toutes sortes de systèmes incontrôlables se déclencheront. Le réchauffement va s'accélérer et s'intensifier et c'est alors que le climat s'emballera vraiment : c'est ce que les scientifiques appellent "*the run away climate*". »[60] Donc, passé ce réchauffement de 2 °C, le risque d'emballement climatique est démesuré. Nous irons alors droit dans le mur.

« Je ne suis pas un expert du climat, dit John Lanchester, mais je perçois, à partir des déclarations des climatologues, que les dernières phases de ce processus fatal pourraient être très brusques. Dans "Le soleil se lève aussi" d'Ernest Hemingway, la question "Comment fait-on pour faire faillite ?" est posée à quelqu'un. La réponse donnée est : "De deux façons. Graduellement et puis tout à coup.". »[61]

Voici un exemple de « rétroaction positive » : lorsque la banquise au pôle nord se réduit, la quantité de chaleur réfléchie diminue, la superficie d'eau de mer sombre qui absorbe mieux le rayonnement de chaleur augmente, ce qui accélère la fonte de la glace du pôle nord, ce qui réduit la taille de la calotte glaciaire et accroît encore plus vite la superficie d'eau de mer sombre, et cetera. Le volumineux rapport sur le climat publié par le GIEC, sur la base d'une analyse de 9 000 articles scientifiques évalués par les pairs, a fixé les limites. On peut affirmer qu'il ne s'agit *pas* ici d'un compromis issu d'une sorte de marchandage : c'est une limite scientifique.

RETRAIT DES ÉTATS-UNIS DE L'ACCORD DE PARIS

L'Accord de Paris est entré en vigueur à une vitesse sans précédent, le 4 novembre 2016, soit 30 jours après qu'au moins 55 signataires, représentant ensemble 55 pour cent des émissions totales de gaz à effet de serre, l'ont ratifié. « À ce jour (02/05/2018), 176 sur 197 Parties ont ratifié la Convention » (dont les États-Unis, qui, globalement, sont responsables d'environ 90 % des émissions mondiales de CO_2).[62]

Puis vint la grande nouvelle : le pétrole et le secteur des armes ont, pour ainsi dire, investi la Maison-Blanche le 20 janvier 2017.

« Le 1er juin 2017, le Président américain Donald Trump a annoncé son intention de retirer les États-Unis de l'Accord de Paris : "À compter d'aujourd'hui, les États-Unis cessent d'exécuter l'Accord non contraignant de Paris ... Cela inclut la fin de la mise en œuvre de la contribution fixée par pays". Sur la base de l'article 28 de l'Accord de Paris, une partie peut se retirer en envoyant une notification écrite au Secrétaire général des Nations Unies, notification qui ne peut se faire qu'"à l'expiration d'un délai de trois ans à compter de la date d'entrée en vigueur [de l'Accord de Paris] à l'égard d'une Partie". Ce retrait prend alors effet à l'expiration d'un délai d'un an à compter de la date de réception de la notification. Comme l'Accord de Paris est entré en vigueur le 4 novembre 2016 pour les États-Unis, le pays pourra adresser sa lettre de notification au plus tôt le 4 novembre 2019 et son retrait sera effectif au plus tôt le 4 novembre 2020.

D'ici là, les États-Unis restent Partie à l'Accord de Paris et sont, en vertu du droit international, tenus d'en respecter l'exécution. Tant que les États-Unis ne se sont pas retirés légalement de l'Accord de Paris, ils restent mentionnés dans la liste des pays ratificateurs. »[63]

Par conséquent, en vertu du droit international et des termes de l'Accord, les États-Unis – s'ils dénoncent l'Accord – pourront se retirer au plus tôt en novembre 2020. Il n'est pas clair non plus qu'ils l'aient effectivement dénoncé (2018). Ils ont indiqué leur intention de se retirer mais ont, en tout cas, ratifié cet Accord (03/09/2016). On comprend que la communauté internationale n'ait guère apprécié le fait qu'une signature d'un traité par les États-Unis soit en fait sans valeur. En réaction à l'attitude de Donald Trump, l'ex-Président Sarkozy a suggéré d'instaurer, pour les États-Unis, une taxe CO_2 à la frontière, une taxe à l'importation qui compenserait nos propres efforts.

Le Pape François a fait la remarque suivante : « Le refus ou le ralentissement de la mise en œuvre d'accords mondiaux sur l'environnement laisse entrevoir que le monde politique est devenu soumis à une technologie et à une économie qui placent le profit au-dessus de tout. Nous nous devons de critiquer la facilité avec laquelle une opinion scientifiquement fondée sur l'état de notre planète est ignorée. Les êtres humains ne peuvent se considérer comme les « propriétaires et maîtres de la nature », habilités à la piller sans la moindre attention pour son potentiel caché et ses propres lois de développement. »[64]

BIODIVERSITÉ

En 100 ans, 97 % des tigres ont disparu de la surface de la Terre. Les populations marines (donc tous les poissons, mammifères, reptiles, oiseaux des océans) ont diminué de moitié en 40 ans, en raison de la *surpêche*, de la *pollution* et du *changement climatique*, alors que 3 milliards d'êtres humains dépendent du poisson comme principale source de protéines.

L'impact sans cesse croissant des activités humaines a entraîné un recul sans précédent des espèces et des écosystèmes. « Les espèces disparaissent aujourd'hui plus de mille fois plus vite que durant les derniers millions d'années », dit un groupe de travail multidisciplinaire de l'Université de Leuven dans un énoncé de perspectives de 2010. [65]

Les scientifiques prédisent que le réchauffement attendu aura des conséquences très dramatiques pour la faune et la flore. « *Des pertes accélérées de biodiversité caractérisent l'ère actuelle. D'importants déclins des tailles de populations ont été observés et, actuellement, 22 176 espèces sont menacées d'extinction* », dit un groupe de scientifiques dans la prestigieuse revue PNAS. [66]

Je cherche depuis quelque temps déjà des arguments susceptibles de casser les attitudes purement égoïstes vis-à-vis de la protection de la nature et de vaincre l'indifférence affichée par beaucoup face au déclin de la nature, qui leur apparaît comme une réalité lointaine. Cette recherche a fini par me ramener à l'argumentation économique.

Pour l'illustrer, voici un exemple du rapport de l'IPBES (2019) sur la biodiversité sur le continent américain (L'IPBES, la Plateforme scientifique mondiale sur la biodiversité et les services écosystémiques, est pour la biodiversité un peu ce qu'est le GIEC pour le climat).

La valeur économique de la contribution de la nature à cette région est évaluée par les scientifiques à 25 billions d'USD par an. En d'autres termes, la faune sauvage, la nature non cultivée, les bois, les marais, les prairies, les plages, le régime des eaux de montagne, etc., bref les écosystèmes tout court représentent cette valeur économique et la perte d'écosystèmes entraîne la perte de la valeur économique correspondante.

Or, 65 % des écosystèmes du continent américain sont actuellement menacés, dont 21 % gravement, ce qui revient à dire que « les contributions économiques livrées par ces écosystèmes au bien-être de la région sont actuellement menacées ».

Les causes sont connues. Sur le continent américain, le changement climatique sera le facteur principal en 2050. L'augmentation des températures et les catastrophes liées à des phénomènes météorologiques extrêmes renforcent les effets des autres facteurs : agriculture intensive, déforestation, perte d'habitats, pollution, surpêche, chasse excessive et espèces invasives.

Comme, au final, ce sont la législation et la politique qui donnent le cap, il est important d'examiner le contexte dans lequel se prennent des décisions politiques. Prenons un exemple aux États-Unis : là, les candidats à la présidence sont financièrement soutenus par des sponsors. Un tiers des soutiens financiers aux candidats proviennent de l'industrie des combustibles fossiles. Le système politique américain est fort différent du nôtre. La population estime, entre autres, qu'il est normal que le monde de l'entreprise aiguille la politique. Il n'est possible de se faire élire que si l'on a suffisamment d'argent pour faire campagne. Et l'argent vient majoritairement d'entreprises (cf. l'affaire *Citizens United vs. Federal Election Commission*). Si, par la suite, les hommes et femmes politiques ne se plient pas suffisamment aux volontés des donateurs, ceux-ci menacent de ne plus rien donner. Les plus grands donateurs déterminent ainsi la politique menée. Il va de soi qu'ils serviront leurs propres intérêts, qui ne sont pas nécessairement ceux de la population.

Voici un autre exemple américain concernant un domaine très différent. Lorsqu'en 2017 les républicains ne parvenaient pas à s'entendre sur la suppression de l'« Obamacare » (*Affordable Care Act*)[67], les donateurs ont réagi avec colère : « Lorsque plus de 40 sénateurs républicains ont déjeuné la semaine dernière au restaurant Chick-fil-A pendant une session à huis clos, le Sénateur Cory Gardner, du Colorado, a brossé un tableau effrayant devant ses collègues. Les fonds pour la campagne s'asséchaient, dit-il, en raison de la déception généralisée des donateurs provoquée par l'incapacité du Sénat, à majorité républicaine, d'abolir d'une manière ou d'une autre l'*Affordable Care Act*. Cory Gardner est responsable de la réélection de son parti à mi-mandat et il a averti que les donateurs de tous bords refusaient d'encore verser le moindre cent tant que la majorité politique, en difficulté, ne livrait pas de résultats concrets. "Les donateurs sont furieux", dit-il, selon une personne au courant de cette réunion à huis clos. "Nous n'avons pas tenu notre promesse."

Les républicains s'inquiètent de plus en plus de l'argent dont ils auront besoin l'an prochain. »[68] Des enquêtes ont toutefois révélé que 56 % des Américains étaient *contre* l'abolition de l'Obamacare et que seulement 33 % étaient favorables au nouveau plan proposé par l'administration Trump.

Insectes et pollinisateurs : 40 % des insectes pollinisateurs sont menacés d'extinction

Cette menace d'extinction met aussi en danger les plantes et les récoltes.[69] TEST ACHAT, association de consommateurs belge, écrit à ce propos : « Les néonicotinoïdes et le fipronil, des insecticides couramment utilisés en agriculture, contribueraient à la mort des abeilles. En 2015, un groupe de travail international a publié un rapport basé sur l'analyse de plus de 1 000 études sur les effets des néonicotinoïdes et du fipronil sur la biodiversité et les écosystèmes. Selon un récent rapport du Conseil supérieur de la Santé, ces conclusions ont entre-temps été confirmées par d'autres publications. Toutes les données indiquent que ces insecticides nuisent gravement non seulement aux abeilles et à d'autres pollinisateurs mais aussi aux mammifères, aux oiseaux, aux poissons, aux amphibiens et aux reptiles. Il a de plus été démontré qu'ils sont toxiques pour notre système nerveux, qu'ils ont une incidence sur nos gènes et perturbent notre système endocrinien. Le Thiaclopride, un insecticide du groupe des néonicotinoïdes, est même cancérigène. Les fœtus et les embryons sont particulièrement sensibles aux effets toxiques des insecticides en général. Selon le Conseil supérieur de la Santé, il faut donc mieux tenir compte des risques pour la santé et pour l'environnement et il faut une politique européenne qui considère l'usage de pesticides chimiques comme un instrument de dernier recours. »[70]

Le plus gênant dans tout cela, c'est de savoir que les entreprises qui vendent ces produits ont littéralement remué ciel et terre pour pouvoir les mettre sur le marché. Or, ces mêmes entreprises ont vraisemblablement à leur service une pléthore de gens intelligents, talentueux et intègres, des universitaires diplômés avec mention honorifique. Le plus intéressant, dès lors, est de se demander comment il est possible que ces gens doués se détournent de l'intérêt général ?

EXTERNALITÉS

« Il n'y a pas de temps à perdre ; c'est un défi d'une ampleur exceptionnelle. La civilisation a besoin d'énergie, mais la consommation d'énergie peut détruire la civilisation. »

Pape François[71]

Combien payez-vous pour un KWh d'électricité ? Le prix au KWh qui figure sur la facture de votre fournisseur ? Oui et non. En fait, nous payons plus. En tant que membres de la communauté, nous participons au prix de revient total, qui comprend tous les coûts directement liés à la production, subsides compris.

Voici un exemple. Il existe un lien direct entre des coûts spécifiques pour les soins de santé et la pollution causée par les centrales au charbon. Ce sont les coûts de la prise en charge des cas d'asthme et de bronchite chronique jusqu'aux décès prématurés. Inutile de dire que ces coûts sont supportés par la communauté et non par le producteur. On pourrait penser qu'ils seraient faibles mais, le rapport « *Last Gasp, The coal companies making Europe sick* », affirme que ces coûts atteignent 48 euros par MWh. Ce chiffre est proche du prix de gros auquel les centrales vendent leur électricité. C'est un coût caché, *de facto* un subside, d'environ 100 %. Le même raisonnement peut être tenu pour l'électricité produite à partir de gaz, de pétrole ou d'énergie nucléaire.

Les opposants aux énergies propres prétendent toujours que le prix de revient de ces énergies est supérieur à celui de l'énergie produite à partir du pétrole, du gaz et du charbon, voire de l'énergie nucléaire. D'un point de vue purement économique, c'est faux. Le prix du marché du pétrole, du gaz ou du charbon ne tient en fait pas compte de plusieurs éléments importants du prix de revient, à savoir les dommages et les coûts externes que les émissions provoquent ou les subsides que reçoit ce secteur. Naturellement, il faut procéder aux mêmes calculs pour les sources d'énergie dites « vertes ». Seule l'industrie des combustibles fossiles peut déverser gratuitement son principal déchet, à savoir le dioxyde de carbone. Personne d'autre n'a droit à ce privilège. Si vous êtes propriétaire d'un petit restaurant, vous devez payer quelqu'un pour éliminer vos déchets. Si cet élément était inclus dans le prix de revient des combustibles fossiles – ce qui ne serait que normal – on pourrait tranquillement laisser travailler la main invisible du marché libre : en un rien de temps, le secteur des énergies renouvelables gagnerait la partie grâce à son vrai prix de revient nettement plus bas.[72]

En économie, on appelle ces coûts non couverts par les prix du marché des *externalités*. Le gouverneur de la BANQUE D'ANGLETERRE a déclaré à ce propos : « Si on ajoutait au prix d'un litre d'essence le coût des dégâts que ce litre cause en polluant l'atmosphère ou en la réchauffant, ce litre coûterait nettement plus cher. »[73] Comme indiqué plus haut, l'Agence européenne pour l'environnement a calculé que la pollution de l'air coûte *chaque année* 537 milliards d'euros à la communauté.

« Le vrai tsunami des coûts ne résulte pas de la transition énergétique, mais de l'héritage du passé, du secteur des sources d'énergie conventionnelles. Ces pollueurs ne sont pas prêts à assumer la responsabilité de leurs propres coûts mais cherchent toujours de nouvelles stratégies pour imposer ces coûts à la société. » (Prof. Dr. Claudia Kemfert, DIW Berlin).[74]

Dans la plus importante des économies d'Europe, l'argent du contribuable a été massivement investi dans les énergies fossiles et dans l'énergie nucléaire. C. Kemfert dit à ce sujet : « Entre 1970 et 2010, les subsides accordés par l'État ont atteint au total 421 milliards d'euros pour le secteur du charbon et 219 milliards pour l'énergie nucléaire. Au total, 102 milliards d'euros d'argent public sont allés aux sources d'énergie durables. » Vue sous cet angle, l'électricité verte est, *de facto*, moins chère que les énergies fossiles ou l'énergie nucléaire : « Si l'on intègre le coût sociétal ainsi que tous les coûts, y compris les coûts externes, un kilowattheure d'énergie éolienne coûtait, en 2014, tout compris, 9,2 cents, alors que l'électricité produite à partir du charbon ou de l'énergie nucléaire coûtait plus de 14 cents. » [75] Les combustibles fossiles sont peut-être bon marché à court terme, mais ils sont chers à long terme. 60 % du réchauffement est causé par les émissions de CO_2, 20 %, par le déboisement. Et presque toutes les émissions de CO_2 proviennent des combustibles fossiles.

La conversion aux énergies vertes est possible. Le problème semble, selon moi, simplement lié au fait que trop de capitaux sont investis dans les « anciennes » sources d'énergie, à savoir les combustibles fossiles et l'énergie nucléaire.

ÉNERGIE NUCLÉAIRE

« Un réacteur nucléaire est seulement une façon très sophistiquée et dangereuse de faire bouillir de l'eau - c'est comme couper une livre de beurre avec une tronçonneuse »

Helen Caldicott[76]

Si une catastrophe nucléaire devait se produire à DOEL [centrale nucléaire proche d'Anvers], l'organisation Greenpeace en évalue le coût à 740 000 000 000 d'euros. Le coût économique d'une telle catastrophe à Doel dépasse donc les 200 % du PIB belge. Selon Greenpeace, « *l'économie belge est incapable de supporter un tel coût, sans compter le fait que le port d'Anvers serait inutilisable pendant des décennies* ».[77]

Que l'on soit d'accord avec cette analyse ou pas, nul ne peut contester que le coût de la gestion des déchets nucléaires est incroyablement élevé. Rien que pour l'Allemagne, il atteindrait, selon les calculs actuels, entre 70 et 140 milliards d'euros, soit bien plus que ce que le secteur de l'énergie atomique a provisionné. « En Allemagne aussi, les industries nucléaires ont, ces dernières décennies, provisionné des sommes pour couvrir le démantèlement et le stockage provisoire et définitif des déchets nucléaires, pour un total d'environ 40 milliards d'euros. Il n'existe toutefois aucune certitude, comme dans le cas d'un fonds, que l'argent a effectivement été mis de côté et sera disponible. La situation est également peu claire en cas d'insolvabilité de l'entreprise. De plus, les calculs actuels partent d'un total bien plus élevé : avec le recul, on sait aujourd'hui que l'utilisation de l'énergie nucléaire pendant des décennies nous coûtera de 70 à 140 milliards d'euros. Les réserves financières des entreprises sont bien trop limitées. »[78] En d'autres termes, l'industrie allemande dispose de réserves d'un montant de 40 milliards d'euros alors que le coût réel se situe entre 70 et 140 milliards. C'est le contribuable qui devra couvrir la différence, soit de 30 à 100 milliards d'euros. Si incroyable que cela soit, les déchets « de courte durée de vie » restent radioactifs pendant 300 ans, ceux de longue durée de vie, pendant des dizaines de centaines d'années[79] ; les coûts élevés n'étonnent donc guère.

C'est ainsi que l'énergie nucléaire a l'honneur douteux d'être, à terme, la source d'énergie la plus chère au monde.

Dans un rapport de 2011 intitulé « Énergie nucléaire : différence entre coût et prix », les auteurs écrivent : « L'énergie nucléaire n'est pas si bon marché qu'on le pense souvent. Deux raisons importantes expliquent la sous-évaluation des coûts. Primo, les tenants du nucléaire fondent souvent leur argumentation sur les coûts des centrales électriques actuellement en fonctionnement. Or, ces centrales ont été construites dans des conditions de marché très réglementées pour les services d'utilité publique, avec de solides subsides de l'État. Une comparaison honnête avec des technologies émergentes concurrentes devrait partir des coûts de la construction d'une nouvelle centrale nucléaire aujourd'hui (ou, dans la pratique, sur plusieurs années) dans les conditions d'un marché libéralisé. Dans de telles circonstances, les coûts de financement d'une centrale nucléaire augmentent énormément. En outre, alors que nombre de technologies se caractérisent par des réductions de coûts au fil du temps, les coûts de construction de centrales nucléaires augmentent en fait, entraînant une courbe d'apprentissage négative.

Secundo, généralement seuls les *coûts directs* sont pris en considération [...] mais les technologies en matière d'énergie (y compris nucléaire) ont aussi des coûts indirects, supportés implicitement par la société. Pour l'énergie nucléaire, les exemples les plus évidents sont la responsabilité en cas d'accident, de fuite, de dépassement des coûts et de dégâts à l'environnement liés à l'exploitation minière et aux déchets nucléaires.

Si les coûts indirects étaient aussi pris en compte et qu'avant la construction de nouvelles unités, une évaluation des coûts était réalisée sur la base d'un marché libéralisé [sans subsides], l'électricité produite dans des centrales nucléaires coûterait plus cher que l'électricité provenant de centrales thermiques ou d'éoliennes. C'est là un important argument contre l'énergie nucléaire parce que le faible prix de celle-ci est très souvent mis en avant comme principal avantage permettant de vaincre la large opposition de l'opinion publique à l'énergie nucléaire. »[80]

Lewis Strauss, président de la Commission des États-Unis pour l'énergie atomique, pensait en 1954 que l'énergie nucléaire rendrait le compteur électrique superflu. Il disait : « *Nos enfants utiliseront dans leurs foyers une électricité trop bon marché pour justifier l'usage d'un compteur.* » Il ne pouvait hélas pas être plus loin du compte.[81]

La très louée « FUSION NUCLÉAIRE » – dont on parle d'après moi déjà depuis plus de 50 ans mais qui reste, à ce jour, inexistante – présente les mêmes inconvénients que l'énergie nucléaire : l'insécurité potentielle des centrales et le problème insoluble des déchets nucléaires.

Le PDG de BASF Antwerpen proteste.

Dans un discours ferme, en première page du journal économique et financier flamand DE TIJD du 16 décembre 2017, Wouter De Geest, PDG de l'implantation anversoise de BASF, annonçait que la fermeture des centrales nucléaires belges coûterait tellement cher qu'on était obligé de les maintenir en fonctionnement : « *Une sortie du nucléaire est une catastrophe pour l'industrie. Ne pas maintenir nos centrales nucléaires en activité, c'est accepter des pénuries de courant et abandonner* de facto *notre industrie* », martèle-t-il, en chœur avec la NVA [parti nationaliste flamand] et les organisations patronales.[82]

Comment est-ce possible ? Pourquoi des personnes sensées s'opposent-elles immédiatement à une sortie du nucléaire ? Pourquoi reviennent-elles toujours avec la rengaine que l'énergie nucléaire est moins chère ? Pour autant que je puisse en juger, deux facteurs entrent en jeu :

1. Comme indiqué ci-dessus, on ne dit pas que c'est *l'ensemble de la société* qui paie les coûts supplémentaires générés par l'énergie nucléaire : les générations passées ont, via les subsides, payé un prix élevé pour la construction de ces

centrales très chères, tandis que les générations actuelles et futures paient pour le problème des déchets nucléaires. C'est le contribuable qui, *de facto*, paie ces montants considérables, non inclus dans le prix de cette « énergie moins chère », ce qui permet à l'industrie d'acheter de l'électricité à bas coût. Selon Wouter de Geest, on ne peut oublier « à quel point le prix de revient de l'électricité est crucial pour l'industrie ». Mais il est normal d'oublier qui délie les cordons de sa bourse pour payer la facture de cette électricité dite « bon marché » produite par les centrales nucléaires : le citoyen lambda. Les coûts générés par les déchets nucléaires en Allemagne se situent entre 70 et 140 milliards d'euros, soit environ 2 000 à 4 000 euros par famille. Ce chiffre pour l'Allemagne peut être comparé au chiffre issu d'une étude réalisée en Suisse : le coût de financement (= coût d'investissement) pour une transition vers les énergies vertes en Suisse serait de 41 euros par an et par famille jusqu'en 2035.

2. Le gouvernement et plusieurs producteurs d'électricité sont réticents à investir dans des énergies renouvelables. Manifestement, ils préfèrent réserver le capital disponible pour d'autres fins. En d'autres termes, il est techniquement et financièrement possible de construire de nouveaux parcs éoliens, mais on préfère placer l'argent public et privé dans des réacteurs existants. De grandes entreprises ne veulent pas non plus renoncer à des investissements existants (centrales nucléaires). De nombreux moyens sont utilisés pour justifier ce choix. Ainsi, le gouvernement belge a, par arrêté royal, créé une *Commission Énergie 2030* (« la Commission D'Haeseleer ») composée de lobbyistes actifs et ouvertement pronucléaire. Leur étude doit constituer la base de la politique

énergétique jusqu'en 2030. Il est évident qu'elle recommande explicitement que les centrales nucléaires restent en activité plus longtemps.

Le jour suivant déjà, le Secrétaire d'État en charge de la Mer du nord, Philippe De Backer (Open VLD [Parti libéral flamand]), a réagi dans une interview dans le journal *De Tijd* : « J'ai l'ambition de fournir 1,8 gigawatt d'énergie éolienne produite en mer, en plus des 2,2 gigawatts de capacité actuelle ». Il réagissait ainsi aux déclarations de De Geest. Les centrales nucléaires Doel 4 et Tihange 3, tant défendues par la NVA [parti nationaliste flamand], le VOKA [Fédération patronale flamande], la FEB [Fédération des entreprises de Belgique], BASF, etc.[83], sont capables de produire 2 gigawatts. La capacité abandonnée peut donc être parfaitement remplacée par une alternative plus respectueuse de l'environnement et du climat (de plus, la « matière première », à savoir le vent, est gratuite – contrairement à l'uranium qui se raréfie). Et De Backer d'ajouter : « Les nouveaux parcs éoliens doivent voir le jour sans subsides », ce qui signifie qu'ils sont moins chers pour la société, alors que les centrales nucléaires (voir ci-dessus) sont de vrais gouffres à subsides.[84]

Mark Botte, dans un débat d'opinion sur la VRT [Radio-télévision publique flamande], a tenu ces propos : « Que dites-vous là : des énergies renouvelables bon marché ? C'est tout de même une contradiction en soi ? Les énergies renouvelables sont tout de même beaucoup plus chères que la production conventionnelle d'énergie, n'est-ce pas ? C'est aujourd'hui un point de vue totalement dépassé. Le prix des investissements dans des capacités de production à partir de sources renouvelables a tellement baissé ces dernières années que le prix de revient de l'électricité verte se situe aujourd'hui souvent sous le prix de revient de l'électricité conventionnelle. Que celui qui en doute compare combien le Royaume-Uni paiera les 35 prochaines années pour l'électricité produite par sa nouvelle centrale nucléaire à Hinkley Point au prix payé dans de vastes régions d'Europe pour l'énergie éolienne et l'énergie solaire.

L'électricité produite par des centrales nucléaires existantes, totalement amorties, reste moins chère mais cette comparaison est intellectuellement malhonnête : c'est comme si je disais que ma voiture totalement amortie me permet de rouler gratuitement, alors qu'à terme, je devrai la remplacer. »

« Lier les capacités de production d'énergies renouvelables à de gigantesques batteries qui stockent l'électricité lorsqu'il y a beaucoup de soleil ou de vent et peu de demande est une idée pertinente et économiquement réalisable. Cette idée ne relève plus de la science fiction mais appartient désormais à la réalité, comme le prouve la batterie de 100 MW de Tesla, dans le sud de l'Australie, qui est couplée à un parc éolien local. »[85]

L'autre argument est la sécurité d'approvisionnement. En fait, celle-ci est menacée uniquement et exclusivement *lorsqu'aucun investissement n'est consenti* dans les énergies renouvelables. Cet argument est aujourd'hui avancé *précisément pour* ne pas faire d'investissements respectueux de l'environnement. Ce que font en réalité nos mandataires, c'est (1) décider de *ne pas investir* dans la production d'énergie respectueuse de l'environnement ou d'y *consentir trop peu* d'investissements ; (2) ensuite prétendre qu'il faut garder des capacités nucléaires *parce qu*'aucun investissement n'a été réalisé dans des capacités de production d'énergie respectueuses de l'environnement. Vous suivez ?

De plus, l'énergie nucléaire génère beaucoup de gaz à effet de serre et de pollution et est en passe d'égaler les émissions des sources d'énergie conventionnelles. Des études montrent qu'au final, beaucoup de CO_2 est rejeté dans l'atmosphère : un tiers de la quantité émise par des centrales au gaz, en cas d'utilisation d'uranium enrichi. En cas d'utilisation d'uranium appauvri, nécessaire à cause des pénuries d'uranium enrichi, les centrales nucléaires rejettent plus de CO_2 que des centrales au gaz.

À la lumière de ces réflexions, les défenseurs de l'énergie nucléaire perdent toute crédibilité.

L'ÉOLIEN ET LE SOLAIRE

LES ÉOLIENNES

« Les éoliennes modernes se prêtent bien au recyclage et ne génèrent donc que peu de déchets. Une grande partie des matériaux utilisés peuvent être récupérés pour de nouvelles éoliennes. Seules les pales, principalement en fibres de verre, ne peuvent être recyclées, si ce n'est pour des applications de moindre valeur, telles que des panneaux de circulation. Dans les anciennes éoliennes, on trouve parfois du néodyme, un métal qui provient surtout de Chine, où l'on n'est pas si regardant en matière de normes environnementales. Les éoliennes de ces dernières années sont le plus souvent exemptes de ce métal. »[86]

Souvent on entend dire que la construction d'éoliennes serait très dommageable pour les poissons et les oiseaux. Des recherches détaillées ont été menées et il en ressort un effet plutôt positif que négatif. Les oiseaux migrateurs ne sont quasi pas gênés par les parcs éoliens : ils les contournent ou les survolent. Il est rare que des oiseaux soient frappés par les pales.

ÉNERGIE SOLAIRE

Pour l'énergie solaire aussi, des tentatives ont été entreprises pour déformer la réalité économique. Par exemple, un rapport suisse de Ferroni et Hopkirk de 2016 prétend que les panneaux solaires coûtent presque plus d'énergie qu'ils n'en produisent. Ses auteurs « prouvent » cette « thèse » par un long calcul (fautif) de l'énergie requise pour la production et l'installation de panneaux solaires, qu'ils comparent à une production (erronée). Dans l'article

« Energy Return on Energy Invested (ERoEI) for photovoltaic solar systems in regions of moderate insolation: A comprehensive response » du 04/06/2016, 23 scientifiques réfutent tous les arguments de Ferroni et Hopkirk[87] :

> *« Un récent article de Ferroni et Hopkirk (2016) affirme que le TRE* [taux de retour énergétique ou ERoEI] *des systèmes de cellules photovaltaïques (PV) est si bas que ces systèmes s'apparentent à des gaspilleurs d'énergie nets plutôt qu'à des fournisseurs d'énergie pour la société. Cette affirmation, si elle est juste, jetterait le doute sur beaucoup de décisions en matière d'investissements dans la production d'énergie. Dans le même article, une comparaison est effectuée entre le PV et l'électricité produite par le nucléaire. Nous avons analysé ce document minutieusement et y avons décelé des incohérences de méthodologie et des erreurs de calcul qui, ensemble, rendent les conclusions irrecevables sur le plan scientifique. »*

L'étude de Ferroni a été et reste utilisée uniquement par des groupes de droite et par des dénégateurs du réchauffement climatique, notamment le groupe allemand « EIKE », qui se définit comme l'« *Europäisches Institut für Klima & Energie* » et dont le slogan est : « *Ce n'est pas le climat qui est menacé, mais notre liberté...* ». Le fait que M. Ferroni publie lui-même sur le site web d'EIKE et qu'il soit en même temps président du groupement pseudo-scientifique NIPCC (« *Le NIPCC est financé par le milliardaire et grand héros des dénégateurs du réchauffement, Barre Seid*[88]), groupement qui a des liens avec des instituts d'extrême-droite tels que la *Hayek-Gesellschaft* et le « *Liberales Institut Zürich* », en dit long.

Une autre inquiétude concernant les panneaux solaires est que leurs déchets seraient polluants. La matière première de base des panneaux solaires est toutefois le silicium. Après l'oxygène, le silicium est l'élément le plus présent dans la croûte terrestre, dont il constitue environ un quart. Pour produire certaines cellules photovoltaïques, on a besoin de produits polluants, tels que le cadmium, le phosphore, l'arsenic et l'acide chlorhydrique. Ce n'est toutefois qu'un petit inconvénient parce que la pollution liée à la production de cellules photovoltaïques est négligeable au regard des gains pour l'environnement que de telles cellules livrent. Les panneaux solaires se recyclent très bien : 85 pour cent de ces panneaux trouvent une application utile, soit un pourcentage bien différent de celui de l'énergie nucléaire.

POUR CONCLURE : L'ÉCOLOGISME

Je pourrais continuer ce texte indéfiniment, mais il est temps de conclure.

N'est-il pas vrai que notre activité économique propre (notre « travail ») est une de nos principales tâches personnelles dans la société ? En travaillant, nous participons au développement du bien-être pour tous. Nous payons des cotisations et des contributions et veillons à ce qu'il y ait des moyens suffisants pour tous les équipements collectifs.

De la même manière, les porte-parole des industries polluantes affirment que ces industries font œuvre utile parce qu'elles font tourner l'économie. Toutefois, pratiquer une activité économique non durable, c'est agir comme le fermier qui ne conserve pas assez de graines à semer pour assurer sa récolte suivante. Il est insensé de contribuer à faire progresser l'économie si l'on hypothèque l'avenir par la destruction des écosystèmes et le réchauffement de la planète. Une telle « croissance économique » procurera, en définitive, moins de bien-être à tout un chacun et aboutira, naturellement, à un monde beaucoup moins agréable à vivre.

De grands groupes industriels empêchent parfois le progrès dans le domaine de l'environnement. Leur activité parfaitement légitime et leurs nombreux avantages pour leurs travailleurs et leurs actionnaires se traduisent souvent en une catastrophe pour l'environnement et le monde. Par exemple, l'industrie des combustibles fossiles a, par sa nature même, un rôle indirect dans le réchauffement de la Terre, et des géants de la chimie provoquent indirectement la mort des pollinisateurs.

J'entends parfois dire que ce que veulent les « défenseurs de l'environnement » est irréaliste, que ces gens n'ont pas les deux pieds sur terre. Mais ceux qui, comme Donald Trump, forgent un avenir dans lequel la planète se réchauffera de plusieurs degrés, avec des conséquences catastrophiques, personne ne les accuse d'être irréalistes. Personnellement, je trouve cela étrange car quiconque prend de tels risques ne peut être qualifié que de tête brûlée.

En définitive, pour assurer le progrès de la civiliation, c'est le bon sens qui doit gagner. Le mouvement d'opinion en faveur de la durabilité ne cesse de croître. Les hommes de bon sens comprennent quels sont les défis et les problèmes de notre temps.

Je me dis toujours que si on pouvait convaincre les gens du fait que l'écologisme est dans leur intérêt financier, tout serait tellement plus simple (l'écologisme, c'est « tendre vers une solution à la problématique de l'environnement »). Je pense que l'on peut réellement soutenir le projet écologique déjà au moins sur la base d'arguments purement rationnels sur le plan économique. On peut, par exemple, parfaitement prouver que la population tirera un avantage financier à long terme de la durabilité, entre autres, par l'utilisation d'énergie verte. Continuer à importer du pétrole et du gaz chers ne peut faire le poids face à l'électricité verte bon marché livrée gratuitement par le vent et le soleil. Sur le papier, on peut rendre l'énergie obtenue à partir des combustibles fossiles moins chère : les infrastructures sont en effet déjà largement amorties ; il n'est pas tenu compte des coûts indirects et les subsides ne sont pas imputés de façon juste. Quant à l'argent du contribuable déjà englouti dans le secteur, il ne peut plus en être retiré. Cependant, la réalité économique est que les énergies fossiles coûtent beaucoup plus cher à la communauté que les énergies vertes.

Je termine mon « tour d'horizon » par une déclaration de feu le philosophe et éthicien Etienne Vermeersch. En 1988, il a publié « *De ogen van de panda - Een milieufilosofisch essay* » [Les yeux du panda - Un essai philosophique sur l'environnement] et en 2010 « *De ogen van de panda - Een kwarteeuw later* » [Les yeux du panda - un quart de siècle plus tard], que j'invite tout le monde à lire. Dans une de ses dernières interviews, il déclarait :

« Le plus décevant, c'est de constater que des idées qui s'imposent avec une évidence manifeste, mènent si difficilement à une acceptation générale. »[89]

Voici les logos qui indiquent que les produits proviennent d'une exploitation forestière, d'une agriculture et d'une pêche durables :

EXPLOITATION FORESTIÈRE : FSC

PALME : Green Palm & RSPO

SOJA : RTRS

PÊCHE : ASC & MSC

LITTÉRATURE ET LISTE D'ARTICLES

350. (2017). *New York City and State plan to #DivestNY's $390 billion pensions from fossil fuels: "an undeniable victory for the global divestment movement"*. www.350.org.

Adriaen, D. (2017). *Antwerpse haven trekt aan alarmbel over energiepact.* www.tijd.be.

Afd Watch (2015). *Langer Marsch von rechts.* www.afdwacht-afd.wordpress.com.

Agence France Presse (2017). *France bans fracking and oil extraction in all of its territories.* www.theguardian.com.

American Wind Wildlife Institute (2014). *New study provides most comprehensive analysis ever of bird fatalities at wind energy facilities.* www.awwi.org.

Beck, U. (1988). *Gegengifte; Die organisierte unverantwortlichkeit.* Suhrkamp.

Bles, M., et al. (2011). Nuclear energy: the difference between costs and prices. Delft, CE Delft, July 2011.

Blowers, A. (2016). *Why worry about nuclear waste? What has the future ever done for us?* www.theecologist.org.

Blowers, A. (2017). *The legacy of nuclear power.* New York: Routledge.

Bond Beter Leefmilieu (2011). *Miljarden stromen naar nucleaire sector.* www.bondbeterleefmilieu.be.

Boren, Z.D. (2016). *Revealed: The fossil fuel tycoons trying to buy the US election.* www.energydesk.greenpeace.org.

Borgmann, M. (2016). *Dubai shatters all records for cost of solar with earth's largest solar power plant.* www.apricum-group.com.

Brandt, J., et al. (2011). Assessment of health-cost externalities of air pollution at the national level using the EVA model system. *Centre for Energy, Environment and Health, Scientific Report No.3, 96.*

Bringezu, S., et al. (2017). Assessing global resource use: a systems approach to resource efficiency and pollution reduction. *International Resource Panel.*

Butler, N. (2018). *The rise of renewables casts doubt on Europe's nuclear future.* www.ft.com.

Byrne, M. (2016). *The world's largest wind turbines will be taller than the Empire State building.* www.motherboard.vice.com.

Carrington, D. (2016). *Climate change will stir 'unimaginable' refugee crisis, says military*. www.theguardian.com.

Census 2011 (2014). *Gemiddelde huisgrootte.* www.census2011.be.

Chow, L. (2017). *Switzerland says no to nukes, yes to renewables following historic citizen vote.* www.ecowatch.com.

Cillizza, C. (2014). *How Citizens United changed politics, in 7 charts.* www.washingtonpost.com.

Coady, D., Parry, I., Sears, L. & Shang, B. (2015). How large are global energy subsidies? *International Monetary Fund, 15/105.*

Commissie Energie 2030 (2017). Profiel van de Commissie Energie 2030 - de Commissie D'Haeseleer.

Cramer, J. (2014). *Elementaire deeltjes 16 - Milieu.* Amsterdam: Amsterdam University Press.

Dahle, O. (z.j.). "*Het socialisme is ingestort omdat het de prijzen niet toestond de economische werkelijkheid uit te drukken. Het kapitalisme kan instorten omdat het de prijzen niet toestaat de ecologische werkelijkheid uit te drukken*". www.ecobase21.net.

Dalle, G. (2016). *Trump won't deter us on climate change*. www.edition.cnn.com.

De Morgen (2016). *Droogte brengt leven van miljoenen mensen in gevaar.* www.demorgen.be.

De Standaard (2017). *Michel schuift beslissing Energiepact op lange baan.* www.destandaard.be.

De Tijd (2017). *BASF-topman sabelt Energiepact neer.* www.detijd.be.

De Vries, G. (2005). *Nederlandse atoomstroom. www.nemokennislink.nl*.

Dennis, B. (2017). *Pollution kills 9 million people each year, new study finds*. www.washingtonpost.com.

Doran, P.T., & Zimmerman, M.K. (2009). Examining the Scientific Consensus on Climate Change. *EOS, 90(3),* 22-23.

Dunlap, R.E. (2013). Climate change skepticism and denial: an introduction. *American behavioral Scientist, 57(6),* 691-698.

Dupont-Nivet, D. & Woutersen, E. (2017). *'Bij "bio" denkt iedereen meteen dat het goed zit'*. www.groene.nl.

Eder, S., Tabuchi, H. & Lipton, E. (2018). *A courtside view of Scott Pruitt's cozy ties with a billionaire coal carbon*. www.nytimes.com.

Eggermont, N. (2015). *Climate Express: Sporen van verandering*. Antwerpen: EPO.

Eickhout, B. (2016). *Klimaatmores: radicaal naar een andere norm.* Rotterdam: Lemniscaat.

Elliott, L. (2015). *Carney warns of risks from climate change 'tragedy of the horizon'*. www.theguardian.com.

Elliott, L. (2017). *World Bank to end financial support for oil and gas extraction*. www.theguardian.com.

European Commission (2017). Attitudes of European citizens towards the environment. Special Eurobarometer 468.

Europese Commissie (2016). Verslag van de Commissie aan het Europees Parlement, de Raad, het Europees Economisch en Sociaal Comité en het Comité van de Regio's: Energieprijzen en -kosten in Europa. SWD (2016) 420 final. Brussel.

Farand, C. & Kelly S. (2018). *Shell took 16 years to warn shareholders of climate risks, despite knowing in private all along*. www.globalresearch.ca.

Ferroni, F. (2012). *Sind PV-Stromanlagen in Deutschland Energievernichter?* www.eike-klima-energie.eu.

Ferroni, F. (2017). *Die illusionen der neuen erneuerbaren Energien (NEE)*. www.eike-klima-energie.eu.

Ferroni, F. & Hopkirk, R.J. (2016). Energy Return on Energy Invested (ERoEI) for photovoltaic solar systems in regions of moderate isolation. *Energy Policy, 94,* 336-344.

Fragoso, A.D. (2016). *Worldwide renewable energy investment hits a new record.* www.thinkprogress.com.

Fraunhofer Institute for Systems and Innovation Research (2013). Analysis of a European reference target system for 2030. Karlsruhe, Duitsland.

Gibson, C. (2013). *Dear Greenpeace: 5 lies from the heartland institute.* www.greenpeace.org.

Gilbert, N. (2016). Global biodiversity report warns pollinators are under threat. *Nature: International Journal of Science,* 531(7591).

Goeteyn, L. & Jacobson, C. (2012). *In het oog van de storm.* Utrecht: Aspekt.

Goggin, M. (2018). *Wind and solar are called clean for a reason.* www.thehill.com.

Gore, A. (2017). An inconvenient sequel: Truth to power. New York: Rodale

Greenpeace NL (2016). *5 jaar Fukushima: vervuiling in stroomversnelling.* www.greenpeace.org.

Greenpeace NL (2017). *Als je dit leest twijfel je nooit meer aan windmolens.* www.greenpeace.org.

Griffin, P. (2017). The Carbon Majors Database: CDP Carbon Majors Report 2017: 100 fossil fuel producers and nearly 1 trillion tonnes of greenhouse gas emissions. CDP report.

Haipeng, L., et al. (2016). Large numbers of vertebrates began rapid population decline in the late 19th century. *PNAS, 113(49),* 14079-14084.

Hansson, S.O. (2017). Science denial as a form of pseudoscience. *Studies in History and Philosophy of Science, 63,* 39-47.

Heede, R. (2013). Tracing anthropogenic carbon dioxide and methane emissions to fossil fuel and cement producers, 1854-2010. *Climate Change, 122(1-2),* 229-241.

Het Laatste Nieuws (2015). *Willy Naessens: "Opwarming van de aarde? Dat is goed voor de zaken".* www.hln.be.

Hope, C. (2015). Economic impacts of carbon dioxide and methane released from thawing permafrost. *Nature Climate Change 6,* 56-59.

Hulse, C. (2017). *Behind new Obamacare repeal vote: 'Furious' G.O.P. donors.* www.nytimes.com.

IPBES (2016). *Pollinators vital to our food supply under threat.* www.ipbes.net.

IPCC (2013). *IPCC Factsheet: What is the IPCC?* www.ipcc.ch.

IPCC (2013). Summary for Policymakers. In: *Climate Change 2013: The Physical Science Basis, Working Group I to the Fifth Assessment Report of the Intergovernmental Panel on Climate Change*

IUCN (2018). *InfoFLR.* www.iucn.org.

Japan Today (z.j.). *Fukushima nuclear accident not over yet says ex-pm Kan.*

KB van 6 december 2005, Ministerieel besluit tot wijziging van het model van verklaring van aansluiting van de in artikel 7bis van het koninklijk besluit nr.38 van 27 juli 1967 houdende inrichting van het sociaal statuur der zelfstandigen bedoelde helper, *Belgisch Staatsblad,* 30 december 2005.

Kemfert, C. (2017). Das fossile Imperium schlägt zurück. Warum wir die Energiewende jetzt verteidigen müssen. Hamburg: Murmann Publishers.

Kenis, A. & Lievens, M. (2012). *De mythe van de groene economie: valstrik, verzet, alternatieven.* Antwerpen: EPO.

Kiernan, M. (2008). *Investing in a sustainable world: why green is the new color of money on wall street.* Nashville: Amacom.

Kirby, A. (2016). *Human consumption of earth's natural resources has tripled in 40 years.* www.ecowatch.com.

Knack (2015). *Waarom het leven voor de mens straks veel minder aangenaam wordt.* www.knack.be.

Knack (2016). *WEF: 'Dit zijn de 10 grootste wereldwijde uitdagingen'.* www.knack.be.

Knip, K. (2016). *Zonnecellen leveren echt wel meer energie op dan ze kosten.* www.nrc.nl.

Koninklijk Nederlands Meteorologisch Instituut (z.j.). *Uitleg over Broeikaseffect.* www.knmi.nl

Krugman, P. (2018). *Earth, Wind and Liars.* www.nytimes.com

KU Leuven (2010). *Biodiversiteit: basisproduct of luxegoed?* Visietekst werkgroep Metaforum Leuven.

Lamb, N. & Litterman, B. (2016). *Tell the truth, ExxonMobil: a low-carbon future is affordable - and necessary.* www.theguardian.com.

Lambert, P. (2012). Energy, Efficiiency & renewables: Skills of tomorrow's green economy. *Intelligent Energy Europe Magazine, 5,* p.2.

Lietaer, B., e.a. (2012). *Geld en duurzaamheid.* Utrecht: Jan van Arkel.

Lobbypedia (z.j.). *Liberales Institut Zürich.* www.lobbypedia.be.

Lowder, K. (2018). *New US solar record - 2.155 cents per kWh (with escalator for inflation).* www.cleantechnica.com.

Luyendijk, J. (2017). *Dit kan niet waar zijn.* Amsterdam: Atlas.

Lyons, J.D. (2015). *Transcript of Obama's climate change speech is rousing & paints a devastating picture.* www.bustle.com.

Martens, B. (2014). De economische impact van een kernramp in Doel. Greenpeace, Brussel, Belgium.

Maslin, M. (2014). *Climate change: a very short introduction.* Oxford: Oxford University Press.

Mathres, M. (2016). *Paris Agreement unleashes $16 trillion of investment in renewables and clean tech.* www.ecowatch.com.

McKibben, B. (2012). Huiveringwekkende cijfers over de opwarming van de aarde: drie simpele getallen waarvan de som een wereldwijde catastrofe is. *Rolling Stone.*

McKibben, B. (2013). *Oil and honey.* New York: Henry Holt and Company.

Meinhold, B. (2009). *World's largest solar project planned for saharan desert.* www.inhabitat.com.

Milieu centraal (2017). *Kernenergie en het milieu.* www.milieucentraal.nl.

Milman, O. (2016). *Military experts say climate change poses 'significant risk' to security.* www.theguardian.com.

Ministerie van Economische Zaken (2016). Energieagenda: Naar een CO_2-arme energievoorziening. Den Haag, Nederland.

Mobarek, S. (2016). *Could Europe import renewable energy from North Africa?* www.weforum.org.

Mooney, C. (2018). *Antarctic ice loss has tripled in a decade. If that continues, we are in serious trouble. www.thewashingtonpost.com.*

Mwanjela, G. (2018). *Why is it critical to restore Africa's degraded landscapes? A glimpse of WWF's efforts and vision.* www.medium.com.

NASA (2018). *Long-term warming trend continued in 2017: NASA, NOAA.* www.nasa.gov.

NASA Global Climate Change (z.j.). *A blanket around the Earth.* www.climate.nasa.gov.

NASA Global Climate Change (z.j.). *Ramp-up in Antarctic ice loss speeds sea level rise.* www.climate.nasa.gov.

Nature (2016). How Time Flies. *Nature Climate Change, 6 (4)*, 331.

Nielsen, A. (2016). *EU dropped climate policies after BP threat of oil industry 'exodus'.* www.theguardian.com.

Niras (z.j.). *Soorten radioactief afval.* www.niras.be.

NRDC (z.j.). www.nrdc.org.

Nucleair forum (z.j.). *Wat is kernafval?* www.nucleairforum.be.

Papenfuss, M. (2018). *Pope Francis warns oil executives that fossil fuels threaten humanity.* www.huffingtonpost.com.

Peach, S. (2016). Rising seas could swallow Florida's tax base. Yale School of Forestry & Environmental Studies.

Peeters, J., Goeteyn, L. & Jacobson, C. (2014). *40 graden in de schaduw: over leven in een ander klimaat*. Tielt: Lannoo.

Prideaux, M. (2016). *Privatizing nature, outsourcing governance: the economics of extinction*. www.theecologist.org.

Pullella, P. (2016). *Pope urges world leaders not to hobble climate change pact*. www.reuters.com.

Raugei, M., et al. (2017). Energy Return on Energy Invested (ERoEI) for photovoltaic solar systems in regions of moderate isolation: A comprehensive response. *Energy Policy, 102,* 377-384.

Riley, T. (2017). *Just 100 companies responsible for 71% of global emissions, study says.* www.theguardian.com.

Rosane, O. (2018). *Antarctic ice melt has tripled in five years. www.ecowatch.com.*

Samson, T. (2016). *Sarkozy proposes carbon tax on US goods if Trump scraps Paris climate pact*. www.en.rfi.fr.

Samsung Newsroom (2018). *Samsung electronics to expand use of renewable energy.* www.news.samsung.com.

Serrure, B. (2016). *Multinationals gaan het klimaat redden.* www.tijd.-be.

Slezak, M. (2016). *World's largest marine park created in Ross Sea in Antarctica in landmark deal*. www.theguardian.com.

Smith, A.B. (2018). *2017 U.S. billion-dollar weather and climate disasters: a historic year in context. www.climate.gov.*

Soenens, D. (2017). *Waarom onze kerncentrales ook na 2025 zullen blijven draaien.* www.apache.be.

Solheim, E. & Swing, W.L. (2018). *Making migration safe for climate nexus*. www.project-syndicate.org.

Staes, B. (2005). *Geldtransfers naar de nucleaire sector in België. Wat betalen Belgische overheid en consument voor kernenergie?* www.-bartstaes.be.

Staes, B., Redant, B. & Van Scharen, H. (2012).GGO's: *Droom of nachtmerrie?* Antwerpen: Houtekiet.

Statoil (2015). Energy Perspective: Long-term macro and market outlook June 2015. Stavanger, Norway.

Stern, N. (2015). *Why are we waiting?* Cambridge: Mit press Ltd

Sternberg, T. (2012). Chinese drought, bread and the Arab Spring. *Applied Geography, 34(4),* 519-524.

Stevens F. & DiCaprio, L. (2017). *Before the flood.* USA: Just Bridge Entertainment.

Sullivan, S., Eilperin, J. & Snell, K. (2017). *Latest GOP effort to dismantle Obamacare on the brink of failure after defections.* www.washingtonpost.com.

TED Blog (2016). *Impossible isn't a fact; it's an attitude: Christiana Figueres at TED2016.* www.blog.ted.com.

Test-Aankoop (2016). Insecticiden bijen in gevaar. *Test Gezondheid, 136, p.7.*

The Greens - European Free Alliance. (2016). *EU car pollution rules: European Parliament abdicates responsibility and waves through license to pollute for carmakers.*
www.greens-efa.eu.

The Lancet (2017). *The Lancet Commission on pollution and health.* www.thelancet.com

The New Climate Economy (2018). Unlocking the inclusive growth story of the 21st century: accelerating climate action in urgent times. New Climate Economy: The Global Commission on the Economy and Climate, Washington.

The Tribune (2018). *French president Macron pledges 700 million euros for solar energy.* www.tribuneindia.com.

Thieme, M. (2013). *Méér!* Utrecht: Jan van Arkel.

TKI Urban Energy (2017). *Einde discussie over opbrengst zonnepanelen. www.topsectorenergie.nl.*

UN (2014). Forests: Action Statements and Action Plans. Climate Summit 2014.

UN (2016). *On eve of major UN conference, alarms raised that efforts to halt biodiversity loss are lagging*. www.un.org.

UNEP (2016). Renewable energy and energy efficiency in developing countries: contributions to reducing global emissions, p.6.

UNEP (2016). The Emissions Gap Report 2016: A UNEP synthesis report. United Nations environment program (UNEP), Nairobi.

UNFCC (2017). *Keynote speech by Patricia Espinosa at climate finance day.* www.unfccc.int.

UNFCC (z.j.). *Nationally Determined Contributions (NDCs).* www.unfcc.int.

UNFCCC (2015). Adoption of the Paris Agreement.

UNFCCC (2016). *Marrakech saw unparalleled political will to act on climate.* www.unfccc.int.

United Nations Climate Change (2016). *Stars aligning for solar energy following COP21*. www.unfcc.int.

United Nations Environment Programme (2016). *Renewable energy investments: major milestones reached, new world record set.* www.sciencedaily.com.

United Nations Secretary-General (2018). *Secretary-General's press encounter on climate change [with Q&A].* www.un.org.

Van Baal, M. (2014). *Factcheck: Kernenergie is de goedkoopste vorm van elektriciteit*. www.energieoverheid.nl.

Van de Velden, W. (2017). *Naar dubbel zoveel windmolens op zee.* www.tijd.be.

Van Haver, K. (2018). *Fabrikant moet betalen voor plastic soep.* www.tijd.com.

VARA (2016). *Klimaatontkenners.* Nederland. Stichting Nederlandse Publieke Omroep.

Vardi, I. (2018). *Koch-backed and anti-renewable energy groups wooing interior department official.* www.desmogblog.com.

Vermeersch, E. (2010). *De ogen van de panda.* Antwerpen: Houtekiet.

Vox, L. (2017). *Why don't Christian conservatives worry about climate change? God.* www.washingtonpost.com.

Wageningen University & Research (z.j.). *effecten van Offshore Windpark Egmond aan Zee (OWEZ).* www.wur.nl.

Warren, R., Price, J., Graham, E., Forstenhaeusler, N. & VanDerWal, J. (2018). The projected effect on insects, vertebrates, and plants of limiting global warming to 1.5°C rather than 2°C. *Science, 360(6390),* 791-795.

West, J. (2016). *This new solar cell is 50 times thinner than a human hair.* www.motherjones.com.

Weubbles, D.J., et al. (2017). Executive summary. In: *Climate Science Special Report: Fourth National Climate Assessment, Volume I, 12-34.*

Wikipedia (z.j.). *Kernramp van Fukushima.* www.wikipedia.com.

World Food Programme. (). *2018 Global Report on Food Crises.* *www.wfp.org.*

Wuebbles, D.J., et al. (2017). Climate Science Special Report: Fourth National Climate Assessment, Volume 1. USGCRP.

WWAP (2018). *The United Nations World Water Development Report 2018: Nature-Based Solutions for Water.* Paris, UNESCO.

WWF (2011). The energy report: 100% renewable energy by 2050. WWF, Gland, Switzerland.

WWF (2014). Overheden en bedrijven engageren. WWF, p.14.

WWF (2015). From crisis to opportunity: Five steps to sustainable European economies. WWF, Brussels, Belgium, p.18.

WWF (2015). WWF op het terrein. WWF.

WWF (2016). De mondiale living planet index. *Living Planet Report 2016: Samenvatting.* WWF, Gland, Switzerland.

WWF (2016). *Wie heeft er baat bij een prijs op CO_2?* www.wwf.be.

WWF (2017). *Governments set to torpedo EU's standing on climate and energy.* www.wwf.panda.org.

WWF (2018). *Reversing nature loss is everyone's business.* www.wwf.panda.org.

WWF (2018). *World's leading tech companies unite to stop online wildlife traffickers*. www.wwf.panda.org.

Xifra, J. (2016). Climate change deniers and advocacy: A situational theory of publics approach. *American Behavioral Scientist, 60(3),* 276-287.

Yamaguchi, T. (2016). *Bill for Japan's Fukushima cleanup to double to $201 billion: source*. www.reuters.com.

NOTES

[1] Eggermont, N. (2015). Climate Express: Sporen van verandering. Antwerpen: EPO.

[2] The New Climate Economy (2018). Unlocking the inclusive growth story of the 21st century: accelerating climate action in urgent times. New Climate Economy: The Global Commission on the Economy and Climate, Washington.

[3] Peach, S., (2016). Rising seas could swallow Florida's tax base. Yale School of Forestry & Environmental Studies

[4] Knack (2016). *WEF: 'Dit zijn de 10 grootste wereldwijde uitdagingen'.* www.knack.be.

[5] Mark Rutte, Premier Ministre des Pays-Bas, CNN, 6/12/2018

[6] WWF (2018). *World's leading tech companies unite to stop online wildlife traffickers.* www.wwf.panda.org.

[7] De Standaard (2019), *Europa laat bijen in de steek.*

[8] WWF, Rapport annuel 2018, Bruxelles, Belgique.

[9] https://www.youtube.com/watch?v=XHJs81yEFLI

[10] Kirby, A. (2016). *Human consumption of earth's natural resources has tripled in 40 years.* www.ecowatch.com.

[11] Bringezu, S., et al. (2017). *Assessing global resource use: a systems approach to resource efficiency and pollution reduction.* International Resource Panel.

[12] https://www.worldwildlife.org/stories/our-planet-is-warming-here-s-what-s-at-stake-if-we-don-t-act-now

[13] https://www.statistiekvlaanderen.be/koolstofvoetafdruk

[14] WWF (2005). *Borneo: Treasure island at risk - Maps.* WWF Germany, Frankfurt.

[15] https://www.theguardian.com/business/2018/oct/09/shell-ben-van-beurden-mass-reforestation-un-climate-change-target?CMP=Share_iOSApp_Other

[16] Ricke, Drouet, Caldeira & Tavoni (2018). *Country-level social cost of carbon.* Nature Climate Change 8, 895–900

[17] HOPE, C. and SCHAEFER, K. *'Economic impacts of carbon dioxide and methane released from thawing permafrost'.* Nature Climate Change (2015)

---

[18] Ministerie van Economische Zaken (2016). *Energieagenda: Naar een CO_2-arme energievoorziening*. Den Haag, Nederland.

[19] National Nuclear Security Administration (NNSA) US Department of Energy - 4th slide of http://energy.gov/news/documents/AMS_Data_April_4__v1.pptx available at http://blog.energy.gov/content/situation-japan

[20] Butler, N. (2018). *The rise of renewables casts doubt on Europe's nuclear future. www.ft.com*.

[21] De Standaard (2019). Delbeke K., *België Europees jobkampioen bij groene transitie*. 13/02/2019 pag. 23

[22] Eurofound (2019), *Energy scenario: Employment implications of the Paris Climate Agreement*, Publications Office of the European Union, Luxembourg.

[23] Lyons, J.D. (2015). *Transcript of Obama's climate change speech is rousing & paints a devastating picture*. www.bustle.com.

[24] TWITTER (2019). - https://twitter.com/INGFrance/status/1093450230996049921 - 19/02/2019

[25] https://www.worldwildlife.org/blogs/sustainability-works/posts/better-business-for-a-better-earth

[26] ING Newsroom (2019). *Le secteur privé a un rôle essentiel à jouer dans la bataille pour le climat*, https://info.ing.fr/le-secteur-prive-a-un-role-essentiel-a-jouer-dans-la-bataille-pour-le-climat/

[27] Van Haver, K. (2018). *Fabrikant moet betalen voor plastic soep*. www.tijd.com.

[28] De Tijd (2017) 29/11/2017

[29] De Standaard (2019). *We hebben een radicaler klimaatplan dan de Fransen, maar minder gele hesjes*, 16/02/2019

[30] Nous nous sommes basés, entre autres, sur les rapports des entités suivantes : le Programme des Nations Unies pour l'Environnement (PNUE), la Convention-cadre des Nations Unies sur le changement climatique (CCNUCC), le GIEC, l'Organisation maritime internationale, l'Organisation des Nations Unies pour l'alimentation et l'agriculture (FAO), la Commission européenne, l'Agence européenne pour l'environnement, la NASA, l'Agence internationale de l'énergie, REN21, l'Agence internationale pour les énergies renouvelables (IRENA), Forest 500, les Services publics fédéraux belges.

[31] « *A majority of Europeans think that protecting the environment is very important to them personally. More than nine in ten respondents (94%) say that the protection of the environment is important to them personally, and among these more than half (56%) say it is very important.* » European Commission (2017). *Attitudes of European citizens towards the environment.* Special Eurobarometer 468.

[32] The Tribune (2018). *French president Macron pledges 700 million euros for solar energy.* www.tribuneindia.com.

[33] https://www.ecowatch.com/obama-calls-out-trump-2608391083.html

[34] Al GORE, *An inconvenient sequel TRUTH TO POWER*, New York, Rodale, 2017, 10.

[35] Gore, A. (2017). *An inconvenient sequel: Truth to power*. New York: Rodale, p.34 e.s.

[36] IPCC (2013). *IPCC Factsheet: What is the IPCC?* www.ipcc.ch.

[37] Peeters, J., Goeteyn, L. & Jacobson, C. (2014). *40 graden in de schaduw: over leven in een ander klimaat.* Tielt: Lannoo. p.114 e.s.

[38] Peeters, J., Goeteyn, L. & Jacobson, opus cit. p. 123

[39] Farand, C. & Kelly S. (2018). Shell took 16 years to warn shareholders of climate risks, despite knowing in private all along. www.globalresearch.ca.

[40] Peeters, J., Goeteyn, L. & Jacobson, opus cit. p. 112

[41] voir Thieme, M. (2013). Méér! Utrecht: Jan van Arkel., *"Huiveringwekkende cijfers over de opwarming van de aarde*, p. 38 e.s.

[42] Le Traité / la Conférence de Munich du 30-09-1938 entre la France, le R.-U., l'Allemagne et l'Italie au sujet de la Tchécoslovaquie, réunion à laquelle la Tchécoslovaquie même n'était pas présente. Par ce traité, l'annexion agressive de la région des Sudètes (située en Tchécoslovaquie) par Adolf Hitler a été acceptée par les « grandes puissances ». Ce traité était censé garantir la paix en Europe, d'où la déclaration de Chamberlain « La paix pour notre temps ». Chamberlain espérait avoir ainsi apaisé la soif d'annexion de Hitler. Moins d'un an plus tard, l'Allemagne envahissait la Pologne.

[43] Beck, U. (1988). Gegengifte; Die organisierte unverantwortlichkeit. Suhrkamp.

[44] De Standaard (2019). *Juist nu is er nutteloos onderzoek nodig.* 06/03/2019

[45] VARA (2016). *Klimaatontkenners.* Nederland. Stichting Nederlandse Publieke Omroep.

[46] Xifra, J. (2016). *Climate change deniers and advocacy: A situational theory of publics approach.* American Behavioral Scientist, 60(3), 276-287.

---

[47] Hansson, S.O. (2017). *Science denial as a form of pseudoscience*. Studies in History and Philosophy of Science, 63, 39-47.

[48] Wuebbles, D.J., et al. (2017). *Climate Science Special Report: Fourth National Climate Assessment*, Volume 1. USGCRP.

[49] Kemfert, C. (2017). *Das fossile Imperium schlägt zurück. Warum wir die Energiewende jetzt verteidigen müssen*. Hamburg: Murmann Publishers. p.11.

[50] De Groene Amsterdammer (2017). *De omgekeerde wereld warmt niet op* 01/03/2017

[51] Washington Post (2018). *I was wrong on climate change. Why can't other conservatives admit it, too*. 26/11/2018. Max Boot, un chroniquer du Post, est titulaire de la bourse de recherche Jeane J. Kirkpatrick en matière de sécurité nationale au *Council on Foreign Relations* et analyste des affaires mondiales pour CNN.

[52] Dupont-Nivet, D. & Woutersen, E. (2017). *'Bij "bio" denkt iedereen meteen dat het goed zit'*. www.groene.nl.

[53] Serrure, B. (2016). *Multinationals gaan het klimaat redden*. www.tijd.be.

[54] Serrure, B. (2016). *Multinationals gaan het klimaat redden*. www.tijd.be.

[55] WWAP (2018). *The United Nations World Water Development Report 2018: Nature-Based Solutions for Water*. Paris, UNESCO.

[56] UN (2016). *On eve of major UN conference, alarms raised that efforts to halt biodiversity loss are lagging*. www.un.org.

[57] Wuebbles, D.J., et al. (2017). *Climate Science Special Report: Fourth National Climate Assessment*, Volume 1. USGCRP.

[58] Elliott, L. (2015). *Carney warns of risks from climate change 'tragedy of the horizon'*. www.theguardian.com.

[59] Solheim, E. & Swing, W.L. (2018). *Making migration safe for climate nexus*. www.project-syndicate.org.

[60] Peeters, J., Goeteyn, L. & Jacobson, C. (2014). *40 graden in de schaduw: over leven in een ander klimaat*. Tielt: Lannoo. p.188.

[61] Humo (2019). *Wie vandaag geboren wordt, zal grote delen van de planeet onbewoonbaar zien worden* 09/04/2019 nr. 4101 p. 30

---

[62] Voir : https://unfccc.int/process/the-paris-agreement/status-of-ratification Zie video : https://www.youtube.com/watch?v=77VOw32n6bQ&list=PLLA2GbkWPFszXVU5Im1sQ-teE9aD0riHJq&index=48

[63] Voir: http://climateanalytics.org/briefings/ratification-tracker.html

[64] Pullella, P. (2016). *Pope urges world leaders not to hobble climate change pact.* www.reuters.com.

[65] KU Leuven (2010). *Biodiversiteit: basisproduct of luxegoed?* Visietekst werkgroep Metaforum Leuven.

[66] Haipeng, L., et al. (2016). *Large numbers of vertebrates began rapid population decline in the late 19th century. PNAS, 113(49),* 14079-14084.

[67] Obamacare ou « *Patient Protection and Affordable Care Act* » : loi fédérale du 23/03/2010 qui vise à étendre aux bas revenus la possibilité de contracter une assurance maladie.

[68] Hulse, C. (2017). *Behind new Obamacare repeal vote: 'Furious' G.O.P. donors.* www.nytimes.com.
Sullivan, S., Eilperin, J. & Snell, K. (2017). *Latest GOP effort to dismantle Obamacare on the brink of failure after defections.* www.washingtonpost.com.

[69] Gilbert, N. (2016). *Global biodiversity report warns pollinators are under threat. Nature: International Journal of Science,* 531(7591).

[70] Test-Aankoop (2016). *Insecticiden bijen in gevaar. Test Gezondheid, 136, p.7.*

[71] Papenfuss, M. (2018). *Pope Francis warns oil executives that fossil fuels threaten humanity.* www.huffingtonpost.com.

[72] voir Thieme, M. (2013). Méér! Utrecht: Jan van Arkel., "*Huiveringwekkende cijfers over de opwarming van de aarde*, p. 38 e.s.

[73] Elliott, L. (2015). *Carney warns of risks from climate change 'tragedy of the horizon'.* www.theguardian.com.

[74] Kemfert, C. (2017). op. cit.

[75] Kemfert, C. (2017). *Das fossile Imperium schlägt zurück. Warum wir die Energiewende jetzt verteidigen müssen*. Hamburg: Murmann Publishers. p.76.

[76] Caldicott, H. (2006). *Nuclear power is not the answer*. Melbourne University Press.

---

[77] Martens, B. (2014). *De economische impact van een kernramp in Doel*. Greenpeace, Brussel, Belgium.

[78] Kemfert, C. (2017). *Das fossile Imperium schlägt zurück. Warum wir die Energiewende jetzt verteidigen müssen*. Hamburg: Murmann Publishers. p.79.

[79] Nucleair forum (z.j.). *Wat is kernafval?* www.nucleairforum.be.
Niras (z.j.). *Soorten radioactief afval.* www.niras.be.

[80] Bles, M., et al. (2011). *Nuclear energy: the difference between costs and prices*. Delft, CE Delft, July 2011.

[81] Van Baal, M. (2014). *Factcheck: Kernenergie is de goedkoopste vorm van elektriciteit.* www.energieoverheid.nl.

[82] De Tijd (2017). *BASF-topman sabelt Energiepact neer.* www.detijd.be.

[83] Adriaen, D. (2017). *Antwerpse haven trekt aan alarmbel over energiepact.* www.tijd.be.

[84] Van de Velden, W. (2017). *Naar dubbel zoveel windmolens op zee.* www.tijd.be.

[85] VRT NWS (2018). *Bedrijven vragen meer en meer hernieuwbare energie in plaats van kernenergie* 28/09/2018

[86] Greenpeace NL (2017). *Als je dit leest twijfel je nooit meer aan windmolens.* www.-greenpeace.org.

[87] Raugei, M., et al. (2017). *Energy Return on Energy Invested (ERoEI) for photovoltaic solar systems in regions of moderate isolation: A comprehensive response. Energy Policy, 102*, 377-384.

[88] Gibson, C. (2013). *Dear Greenpeace: 5 lies from the heartland institute.* www.greenpeace.org.

[89] De Standaard (2018). *In wijsheid is veel verdriet.* 17/11/2018, p.16

Made in the USA
Monee, IL
08 November 2026

67378654R00083